Schleswig-Holstein

Nordsee, Ostsee und die Inseln

Von Alexander Jürgens

W0171853

EIN
ADAC
BUCH

Inhalt

Im Hafen von Kiel legen Fähren und Kreuz-fahrtschiffe aus aller Welt an

*Sylter Urlaubsfreuden: Feiner Strandkorb,
heller Sand, das gefällt in Westerland*

Ein Kunstwerk ersten Ranges ist der
Bornesholmer Altar im Schleswiger Dom

Backsteinromantik strahlt das Alte Rathaus
am Marktplatz von Rendsburg aus

Inhalt

Friedfertig sind die Hobby-Wikinger von Haithabu im Vergleich zu ihren Vorfahren

Föhr hat neben Strand auch saftig-grüne Wiesen zu bieten, wie hier bei Nieblum

Dies und Das

Mitgefangen, mitgehangen – noch heute werden Aale nach altem Rezept geräuchert

Schleswig-Holstein aktuell A bis Z

Schöne Aussichten bieten sich in Laboe am Ausgang der Kieler Förde

Schleswig-Holstein –
Land zwischen zwei Meeren

»Es ist der schönste Fleck auf dem Erdenkreise!«, schwärmte der dänische Schriftsteller *Jens Baggesen*, der 1791 von seiner Reisestation nördlich von Malente gar nicht wieder aufbrechen wollte. Seitdem entdecken immer mehr Besucher diese von zwei ebenso unterschiedlichen wie ansprechenden **Küsten** flankierte Landschaft im Norden Deutschlands. Richters Reiseführer ›Ost-Holstein‹ wendet sich 1909 bereits an ein breiteres Publikum und schwärmt von den ›landschaftlichen Reizen des schönen Holsteiner Landes‹, das erstaunliche **Vielfalt** birgt: Die Äcker im Osten, eingerahmt von *Knicks* genannten Buschhecken, im Westen die fruchtbaren flachen **Marschen** mit fetten Weiden und Gemüsefeldern, vom Meer durch breite **Deiche** getrennt, auf denen Schafherden weiden. Der Wasserreichtum tut ein Übriges: In ganz Schleswig-Holstein schlängeln sich kleine Flüsse der Küste entgegen, Buchten schneiden von der Küste her tief ins Land, herrliche Mischwälder umgeben die anmutigen Seen der **Holsteinischen Schweiz** und des alten Herzogtums Lauenburg. Das besondere, klare Licht, die Komposition seiner Farben

mit blühenden, gelben Rapsfeldern, grünen Wiesen, Hecken und Wäldern, dem hellen Blau eines leicht bewölkten Himmels und dem dunkleren Blau des Meeres haben schon viele für den angeblich kühlen Norden erwärmt. An der See kommen dazu noch die Brandung des Meeres, das Geschrei der Möwen und Seeschwalben sowie der anregende, frische Wind – drei weitere gute Gründe, sich im Urlaubsland Schleswig-Holstein wohl zu fühlen.

Region im Wandel

Doch auch im nördlichsten Bundesland bleibt die Zeit nicht stehen. Das Bild wogender Kornfelder und schwarz-bunter Kuhherden auf grünen Wiesen täuscht mitunter. Die klassische **Landwirtschaft** macht nur noch 2% des Bruttoinlandsprodukts aus, fast die Hälfte wird inzwischen durch Dienstleistung erwirtschaftet. Zu diesem Ergebnis steuert der **Fremdenverkehr** in erheblichem Maße bei, der allerdings meist in ›humanen Dimensionen‹ betrieben wird: Gäste finden zahlreiche familiäre Unterkunftsmöglichkeiten, sei es in familiennahen Privatunterkünften, Pensionen oder auf

einem der zahlreichen Campingplätze, oft an heimeligen Buchten oder in überschaubaren **Seebädern**. Selbst die großen *Städte* wie **Lübeck** oder **Kiel** nehmen Besucher schnell mit ihrem Charme gefangen – ob mit oder ohne stilgerechte

Oben: *Die imposanten Backsteinbauten der Lübecker Salzspeicher müssen keinen Vergleich mit Bürgerhäusern scheuen*

Unten: *Beinahe so weit wie der Himmel erstreckt sich der kilometerlange, strandkorbgesprenkelte Timmendorfer Strand*

Backsteinbauten. Größere Industrieansiedlungen findet man in Schleswig-Holstein nur im Gewerbegebiet von Brunsbüttel östlich des Nord-Ostsee-Kanals. Von traditionell großer Bedeutung sind auch **Schiffsbau** und der internationale **Warenumschlag** in den Häfen.

Landschaft mit Geschichte

Die Eiszeiten der letzten 2 Mio. Jahre begruben Nordeuropa und auch das heutige Schleswig-Holstein mehrmals unter einem mächtigen Eispanzer. Vor rund

18 000 Jahren begannen die Gletscher, das bislang letzte Mal abzuschmelzen. Moränen bildeten die **Hohe Geest**, den 10–50 m aufragenden Höhenzug, der sich wie ein ›Rückgrat‹ von Nord nach Süd durch das Bundesland zieht. Vor dem Einsatz moderner Ackerbaumethoden galt sie als trocken und unfruchtbar, war jedoch als überschwemmungssicherer Pfad trotzdem sehr belebt. Der historische **Heer- und Ochsenweg** vom nördlichen Jütland bis nach Wedel an der Elbe ist heute eine gut ausgebaute *Fahrradstrecke* und folgt noch immer dieser alten Fernverkehrsroute.

Nach dem Abschmelzen der Gletscher wurde **Fehmarn** vor etwa 4000 Jahren zur Insel, schnitt die anwachsende Nordsee **Helgoland** vom Festland ab. Im heutigen Ostholstein entstanden die Hügel und Senken, dazwischen die zahlreichen reizvollen Seen und Moore.

Ein Land, zwei Küsten

Schleswig-Holstein wird von zwei unterschiedlichen Küsten begrenzt. Attraktive

Links oben: *Zaungäste bewundern Gut Panker bei Lütjenburg*

Links Mitte: *Kunstvoll gemauerte Back-steinfassade eines Bauernhofs in Kirch-werder südöstlich von Hamburg*

Links unten: *Ob groß, ob klein, auf der Kieler Förde sind alle Boote und Schiffe willkommen*

Oben: *›Fünfte Jahreszeit‹ nennt man im nördlichsten Bundesland die Rapsblüte*

Rechts unten: *Das Schleswig-Holstein Musikfestival macht's möglich: In Scheunen und Herrenhäusern trifft sich die Musikerelite*

Bei starken Westwinden drückt die Nordsee gegen die **Deiche**, die Acker-land und Menschen gegen die Fluten zu schützen versuchen. »Wer nicht dei-chen will, muss weichen«, heißt ein alter Rechtssatz über die Verpflichtung je-des Landeigentümers zum Hochwasser-schutz. Früher legten die Siedler ihre Höfe im flachen Marschland auf künst-lich geschaffenen Hügeln, auf *Warften* oder *Wurten* an. Auf den niedrigen Hal-ligen von Nordfriesland ist dies noch immer der einzige Weg, bei Sturmflut trockene Füße zu behalten.

Sand- und **Kiesstrände** sowie kilome-terlange Steilufer säumen das Land nach Osten zum baltischen Meer, der **Ostsee**. Hier ist der Wechsel von Ebbe und Flut wenig spürbar. Anders an der ein bis zwei Fahrtstunden entfernten Westküste. Die rauere **Nordsee**, eine Ausbuchtung des Atlantischen Ozeans, verzeichnet etwa alle zwölf Stunden einen Tidenhub von bis zu 3 m zwischen Hoch- und Niedrig-wasser. Bei Ebbe fallen weite Gebiete vor der Küste für einige Stunden trocken. Diese in Europa einmalige **Wattland-schaft** wird in Schleswig-Holstein seit 1985 als Nationalpark geschützt. Urlau-ber, die eine *Wattwanderung* planen, tun gut daran, sich zuvor genau über die Ti-denzeiten zu informieren oder mit Führer zu gehen, um nicht von der aufkommen-den Flut überrascht zu werden.

Moderne Zeiten

An den breiten Sandstränden von **Amrum** und dem mondänen **Sylt** sowie auf anderen Nordseeinseln tummeln sich Sonnenanbeter, vor der Küste ›reiten‹ *Surfer* auf der Dünung. Der weite Himmel über der ebenen, grünen Marsch, die endlos scheinende Weite des Watts und der Nordsee mit ihrem fernen Horizont sind für viele Urlauber das optimale Kontrastprogramm zur Hektik des Alltags, ein ideales **Ferienland**.

Seit mehr als 1500 Jahren ist das Land immer wieder von verschiedenen Völkern besiedelt worden. Angeln, Sachsen, Wenden, Jüten, Wikinger, Dänen und Friesen wanderten ein oder eroberten die Region, wurden wieder vertrieben oder zogen aus eigenem Antrieb weiter. Das Land zwischen Flensburger Förde und Elbe war dabei viele hundert Jahre **Zankapfel** vor allem zwischen Ansprüchen der dänischen Krone und Interessen deutscher Fürsten. Erst nach dem Zweiten Weltkrieg konnte eine stabile Regelung erreicht werden. Seitdem ist die Grenz-linie unstrittig und die Rechte der jeweiligen sprachlichen Minderheiten in beiden Staaten zufriedenstellend geregelt. Kurzum, es herrscht gute **Nachbarschaft** zwischen Flensburg und Sønderborg, zwischen Niebüll und Tønder.

Die mit Marschen und Deichen, mit Feldern und Knicks natürlich wirkende *Kulturlandschaft* ist vor allem im Osten, im **Grafenwinkel**, reich an Herrenhäusern und Schlössern. Viele von ihnen werden nach wie vor privat genutzt, andere sind als Museen öffentlich zugänglich. Im Westen, in **Nordfriesland** und vor allem in **Dithmarschen** finden sich Zeugnisse einer wohlhabenden *Bauernkultur*, die sich lange gegen adlige Herrschaft behaupten konnte. Mächtige Bauernhöfe, Zunft- und Ständehäuser erzählen die

Geschichte selbstbewusster Landmänner und Handwerker, durchaus ähnlich in Fehmarn. Restaurierte **Stadtzentren** wie im mittelalterlichen Lübeck, die Kaufmannshöfe von Flensburg, das an Brueghel-Gemälde erinnernde Ortsbild von

Links oben: *In der waldreichen Umgebung von Gut Kletkamp kann man herrliche Ausritte unternehmen*

Links Mitte: *Platte um Platte wird Leckeres aus dem Meer gereicht*

Links unten: *Kaum ist das Wasser weg, kommen schon die Wattwanderer*

Oben: *Bei der Kieler Woche ist Schnelligkeit gefragt – ein nasses Segel kann den Regattasieg kosten*

Unten: *Fernab von hektischem Trubel der großen Städte genießt man auf Sylt seinen Urlaub geruhsam*

Friedrichstadt, das von Christian IV. im Stil der Renaissance angelegte Glückstadt an der Elbe oder die dicht gedrängten, roten Backsteingebäude um das gotische Rathaus von Mölln sind baugeschichtliche Kleinode.

Der Reiseführer

Der vorliegende Band stellt Schleswig-Holstein, seine Inseln, Küsten, Städte und Landschaften, in **acht Kapiteln** vor. Auf besondere Highlights bei Sehenswürdigkeiten, Hotels, Restaurants etc. weisen **Top Tipps** hin. Neben dem erprobten Nummernsystem erleichtern detaillierte **Stadtpläne** und genaue **Übersichtskarten** die Orientierung. **Themenkästen** vermitteln Hintergrundinformationen zu Wissenswertem und Originellem, die **Praktischen Hinweise** ergänzen die Ortsbeschreibung mit nützlichen Adressen von Informationsstellen und Schifffahrtsverbindungen bis zu Hotels und Restaurants. **Schleswig-Holstein aktuell A bis Z** informiert über die Region – von Anreise über Essen und Trinken bis zu Sport und Verkehrsmitteln.

Geschichte, Kunst, Kultur im Überblick

18000–8000 v. Chr. Die Gletscher der Eiszeit ziehen sich nach Norden zurück. Erste Besiedelung des späteren Schleswig-Holstein durch altsteinzeitliche nomadisierende Jäger und Sammler.

3000–1500 v. Chr. Nunmehr sesshafte Bauern und Viehzüchter schaffen mächtige Megalith-Steinsetzungen und bestatten ihre Toten in Hügelgräbern.

Hohe Handwerkskunst der Wikinger – aus der bedeutenden Handelsstadt Haithabu stammt diese von einem Drachenkopf bekrönte Bronzenadel (10. Jh.)

100 n. Chr. Der römische Geschichtsschreiber Tacitus erwähnt in seinem Werk Germania »wilde Völkerstämme« nördlich der Elbe, die Kimbern, Ambronen und Teutonen.

um 450 Von ihren Siedlungsgebieten im heutigen Schleswig-Holstein setzen Angeln und Sachsen auf die britischen Inseln über und drängen dort in blutigen Kämpfen die Römer zurück.

um 650 Dänen besiedeln von Norden her den Raum um Schleswig. Slawen wandern aus Osten ein, im Westen leben Jüten, auf den Nordseeinseln Friesen. Im Kernland verbleiben weiterhin Sachsen.

8. Jh. Die Dänen errichten zum Schutz ihres Reiches gegen die Franken südlich der Förde Schlei und der Treene einen Grenzwall, das Danewerk.

798 Der fränkische Herrscher Karl der Große besiegt die Sachsen auf dem Sventanafeld bei Bornhöved.

808 Dänenkönig Göttrik baut die alte Wikingersiedlung Haithabu an der Schlei zu einem der wichtigsten Handelsplätze Nordeuropas aus.

810 Der Steinwall des Limes Saxoniae zwischen den heutigen Orten Kiel und Lauenburg trennt die nördlich siedelnden Sachsen und Slawen vom südlich gelegenen Frankenreich. Ebenfalls zum Schutz der Grenze entsteht am Zusammenfluss von Alster und Elbe die Hammaburg, das spätere Hamburg.

831 Sachsen und Slawen verweigern sich lange der Missionierung. Erst im 12. Jh. ist die Christianisierung der Region abgeschlossen.

1066 Zerstörung von Haithabu zunächst durch Harald den Harten von Norwegen, kurz darauf endgültig durch slawische Einwanderer aus dem Osten.

1093 In der Schlacht auf der Schmilauer Heide bei Ratzeburg schlagen die Dänen endgültig ihre slawischen Widersacher und nehmen das Land im Norden bis zur Eider in Besitz.

1111 Der Braunschweiger Sachsenherzog Heinrich der Löwe belehnt Adolf von Schauenburg mit den Grafschaften Holstein und Storman. Dithmarschen bleibt selbstständig.

1158 Heinrich der Löwe lässt Lübeck zum Handelshafen ausbauen.

Erinnerungsbild an die Glanzzeit Lübecks im 12. Jh. – Herzog Heinrich der Löwe überwacht das Löschen von Baumaterial für den neuen Hafen

ming·se quamen to same ne to bornehouede an san te marien magdalenen daghe·Dar wart en grot

strit de koning wart sege los·vnde wart hertoghe·

Bilddokument – in der Sächsischen Welt-chronik von 1300 wurde der Sieg des Grafen Adolf IV. (l.) über Dänenkönig Walde-mar II. (r.) bei Bornhöved 1227 illustriert

1188 Kaiser Friedrich I. bestätigt Lübeck auch nach dem Sturz Heinrichs in ihren Rechten als Freie und Reichsstadt (Barbarossa-Privileg).

1214 Der Stauferkaiser Friedrich II. verzichtet zugunsten König Waldemars II. von Dänemark auf alle Grenzlande und Ansprüche nördlich der Elbe.

1227 Graf Adolf IV. von Schauenburg besiegt das dänische Heer bei Bornhöved. Die Eider wird wieder deutsch-dänische Grenze.

13./14. Jh. In London schließen sich deutsche und flandrische Händler zu einem Bund zusammen, aus dem wenig später die Deutsche Hanse hervorgeht, eine erst kaufmännisch motivierte, bald auch politisch wirkende Vereinigung mehrerer Handelsstädte. Die ca. 100 Mitglieder, unter ihnen Reval, Danzig, Hamburg und Köln, werden bald von Lübeck, der ›Königin der Hanse‹, dominiert. Die enorme Macht des Bundes endet erst nach dem Dreißigjährigen Krieg, rund 300 Jahre nach seiner Gründung.

1370 Im Streit zwischen Hanse und Dänemark ist Waldemar IV. gezwungen, mit Unterzeichnung des Stralsunder Vertrages Frieden zu schließen. Danach können dänische Herrscher nur mit Billigung der Hansestädte bestimmt werden.

1460 Die lokale Führungselite wählt den dänischen König Christian I. zum Herzog von Schleswig und Grafen von Holstein.

Im Vertrag von Ripen gelobt er, dass Schleswig und Holstein »bliwen ewich tosamende ungedeelt« – ewig zusammen [und] ungeteilt bleiben.

1490 Die Söhne Christians I., Johann und Friedrich, teilen Schleswig-Holstein unter sich auf und regieren von Segeberg bzw. von Gottorp aus.

1536 Der Protestantismus wird in Dänemark und Schleswig-Holstein zur Staatsreligion erhoben.

1559 Ein dänisch-schleswigsches Heer unter Johann Rantzau besiegt die bis dahin standhafte Freie Bauernrepublik Dithmarschen in der ›letzten Fehde‹.

1615 Der dänische König Christian IV. gründet Glückstadt an der Elbe in der Hoffnung, die Macht Hamburgs beschneiden zu können.

1618–48 Protestantische Union und katholische Liga fechten den Dreißigjährigen Krieg aus, der einzelne Orte in Schleswig-Holstein schwer trifft. Z. B. brennen 1627 katholische Truppen unter Albrecht Wallenstein Rendsburg und Schloss Breitenburg bei Itzehoe nieder.

1657 Dänemark verliert den Krieg gegen Schweden und muss im Frieden von Roskilde auf Schonen verzichten sowie 1658 die Kontrolle über das nunmehr souveräne Schleswig-Gottorp aufgeben. Dessen Herzog hatte sich frühzeitig auf die schwedische Seite geschlagen.

Um die Festigung dänischer Macht in Schleswig-Holstein war König Christian IV. (1577–1648) bemüht

Zur Eröffnung des ursprünglich nach ihm benannten Nord-Ostsee-Kanals 1895 bereiste Kaiser Wilhelm an Bord seiner Jacht ›Hohenzollern‹ die neue Wasserstraße

1665 Herzog Christian Albrecht gründet die Universität in Kiel.

1700–21 Im Nordischen Krieg stehen Russland, Sachsen-Polen und Dänemark gegen Schweden. Nach anfänglichen Siegen verliert das schwedische Heer bei Poltawa die entscheidende Schlacht. Als Folge gewinnt Zar Peter I. im Ostseeraum großen Einfluss und die dänische Krone unter König Friedrich IV. übernimmt den Gottorfer Anteil von Schleswig.

1773 Über ihren verstorbenen Gatten Zar Peter III. besitzt Katharina II. Erbrechte in Holstein. Im Vertrag von Zarskoje Selo wird jedoch ein Gebietstausch vereinbart und die russische Zarin tritt alle Ansprüche in Schleswig und Holstein an Dänemark ab.

1777–84 Bau des Eiderkanals, Vorläufer des Nord-Ostsee-Kanals.

1814 Nach dem verlorenen Napoleonischen Krieg tritt Dänemark im Kieler Frieden Helgoland an Großbritannien ab.

1830 Jens Uwe Lornsen, Landvogt von Sylt, fordert in einem Aufruf, eine gemeinsame, liberaldemokratische Verfassung für Schleswig-Holstein zu entwickeln und sich von Dänemark zu trennen. Er wird daraufhin abgesetzt und zu einjähriger Festungshaft verurteilt.

1838 Gründung der Schiffswerft Kieler Howaldtswerke.

ab 1848 Nationalrevolutionäre Bestrebungen gewinnen an Raum. Das Lied ›Schleswig-Holstein meerumschlungen‹ wird zur Hymne, ein blau-weiß-rotes Banner zum Symbol der Unabhängigkeitsbewegung von Dänemark. In Kiel wird eine provisorische Regierung gegründet, die sich den deutschen Einigungsbestrebungen anschließen will. Nach einer Niederlage der Aufständischen gegen dänische Truppen in der Schlacht von Idstedt (1850) und dem Londoner Vertrag von 1852 bleibt Schleswig-Holstein jedoch dänisch.

1864 Dänemark verliert den Krieg gegen Preußen und Österreich, der durch den Wiener Frieden beendet wird. Demnach werden die Herzogtümer Schleswig und Lauenburg von Preußen, Holstein wird von Österreich verwaltet.

1867 Nachdem Preußen aus der Auseinandersetzung mit Österreich siegreich hervorgeht, wird ganz Schleswig-Holstein preußisch.

1875 Vier Jahre nach seinem Bruder Heinrich wird am 6. Juni in Lübeck Thomas Mann geboren. Für seinen 1901 erschienenen zeitgeschichtlichen Familienroman ›Die Buddenbrooks‹ erhält er 1929 den Nobelpreis für Literatur.

1882 Der ›Kaiserliche Yacht Klub‹ veranstaltet die erste Kieler Regatta.

1890 Großbritannien tauscht Helgoland gegen deutsche Ansprüche auf Sansibar.

1895 Nach achtjähriger Bauzeit wird der Kaiser-Wilhelm-Kanal eingeweiht, heute Nord-Ostsee-Kanal.

1918/19 Gegen Ende des Ersten Weltkrieges weigern sich Matrosen der Kriegsmarine in Kiel auszulaufen. Die Meuterei und der daraus resultierende Soldaten- und Arbeiteraufstand lösen Unruhen im Deutschen Reich aus, die zur

Abdankung des Kaisers sowie der Gründung der Weimarer Republik führen.

1920 In Volksabstimmungen entscheidet sich die Bevölkerung von Nordschleswig für den Anschluss an Dänemark, die Bewohner Mittelschleswigs wollen bei Deutschland bleiben.

1936 Kiel richtet die Segelwettbewerbe der Olympischen Spiele von Berlin aus.

1942–45 Im Zweiten Weltkrieg zerstören Luftangriffe der Alliierten weite Teile der Kieler Innenstadt.

1945 Nach Adolf Hitlers Selbstmord flüchtet die deutsche Reichsregierung unter Großadmiral Karl Dönitz nach Flensburg, wo sie wenig später kapituliert. Schleswig-Holstein wird unter britische Militärregierung gestellt.

1949 Schleswig-Holstein wird eigenständiges Bundesland der Bundesrepublik Deutschland.

1953 Die ›Holland-Sturmflut‹ und 1962 die ›Hamburg-Sturmflut‹ zerstören Deiche entlang der Nordseeküste von Schleswig-Holstein. Mehrere Tausend Menschen ertrinken.

1972 In der Kieler Bucht finden die Segelwettbewerbe der Olympischen Sommerspiele von München statt.

1976 Das Kernkraftwerk Brunsbüttel geht in Bau, später entstehen Krümmel und Brokdorf. Es folgen Protestdemonstrationen von Atomkraftgegnern.

Novemberrevolution 1918 – von Kiel aus zog der als Meuterei begonnene Aufstand der Matrosen, Arbeiter und Soldaten weite Kreise in Deutschland

Ehrenbürger der Stadt Lübeck – Thomas und Katja Mann bei den Feierlichkeiten zu Ehren des Schriftstellers am 21. Mai 1955

1982 Uwe Barschel (CDU) wird Ministerpräsident des Bundeslandes.

1985 Ein Gesetz zur Einrichtung des Nationalparks Schleswig-Holsteinisches Wattenmeer wird verabschiedet.

1987 Die sog. Barschel-Affäre um unlautere Praktiken im Wahlkampf gegen Björn Engholm (SPD) erreicht mit dem mysteriösen Tod Barschels in einem Genfer Hotel ihren Höhepunkt. Nach 38 Oppositionsjahren übernimmt die SPD Regierungsverantwortung in Kiel.

1993 Björn Engholm tritt zurück, nachdem bekannt wird, dass er den Bespitzelungsversuch Uwe Barschels aus machtpolitischen Gründen zugelassen hatte. Seine Nachfolge tritt Heide Simonis (SPD) an, die erste Frau an der Spitze eines deutschen Bundeslandes.

1996 Ministerpräsidentin Simonis bildet eine Regierung aus SPD und Grünen.

1999 Ein Gesetzentwurf sieht vor, die Fläche des Nationalparks Schleswig-Holsteinisches Wattenmeer fast zu verdoppeln.

2000 Im Alter von 81 Jahren stirbt in Heide der Springreiter und mehrfache Olympiasieger Fritz Thiedemann.

2002 In Lübeck eröffnet im Oktober das Günter Grass-Haus, ein dem deutschen Literatur-Nobelpreisträger gewidmetes Museum und Forum für Literatur und bildende Kunst.

Der Südwesten – blühende Städte und fruchtbare Marschen

Ein Reigen von Trabantenstädten umgibt Hamburg nördlich und südlich der Elbe. Zu diesem ›Speckgürtel‹ der Hansestadt zählt man wohlhabende Gemeinden im Norden wie **Wedel**, **Pinneberg**, **Norderstedt** oder **Ahrensburg**. Im Südosten Schleswig-Holsteins gehören Reinbek, Glinde und Geesthacht dazu. Alle haben ihren eigenen Charakter und meist eine Jahrhunderte zurückreichende Geschichte. Somit beziehen sie ihre Identität nicht allein aus der Nähe zur Millionenmetropole. Und dennoch, viele ihrer Bürger fahren morgens in die nahe Hansestadt zur Arbeit. Deutsche, aber auch dänische Geschichte begegnet dem Reisenden, der die Region von Wedel stromabwärts durch die ufernahen Elbmarschen und bis **Glückstadt** erkundet. Am Rande der Haseldorfer, der Kremper und der **Wilster Marsch**, im Schwemmland des Urstromtales, durch das die Wassermassen der abschmelzenden Eiszeitgletscher einst der Nordsee zustrebten, wollten die Dänenkönige des 16. und 17. Jh. mit Stadt- und Hafengründungen dem reichen Hamburg Konkurrenz machen.

1 Ahrensburg

Märchenschloss und ›Gottesbuden‹ am Hamburger Stadtrand.

TOP TIPP Das vor etwas mehr als 400 Jahren erbaute, elegante **Schloss Ahrensburg** liegt inmitten eines schön gestalteten Parks und ist teilweise vom aufgestauten Wasser der *Hunnau* umgeben. Der schneeweiße Renaissancebau zählt zu den imposantesten Herrenhäusern Schleswig-Holsteins. 1567 erwarb der dänische Feldherr *Daniel Rantzau* das Terrain, fiel jedoch bald darauf im Krieg gegen Schweden. Sein Bruder Peter gab dann den Auftrag zum Bau des quadratischen, von vier schlanken achteckigen Türmen gerahmten Schlosses mit seinen drei anmutigen Giebeln. Heute zeigt es als **Museum schleswig-holsteinischer Herrenhauskultur** (Di–So 10–12.30 und April–Sept. 13.30–17 Uhr, sonst bis 15 bzw. 16 Uhr) kostbare Möbel und Gemälde, die die Schlossherren bis ins 20. Jh. hinein gesammelt hatten.

Die gleichzeitig errichtete spätgotische **Schlosskirche** wurde 1713 von schwedischen Truppen teilweise zerstört und später im Stil des Barock neu ausgestattet. Dem Gotteshaus schließen sich zwei Reihenhauszeilen mit Kleinwohnungen an, die sog. *Gottesbuden*, die bedürftigen älteren Gemeindemitgliedern als Bleibe dienten.

Im Jahre 1759 erwarb der Kaufmann *Heinrich Carl Schimmelmann*, der am Preußisch-Sächsischen Krieg ein Vermögen verdient hatte und dieses als dänischer Schatzkanzler mit Sklavenhandel, karibischer Plantagenwirtschaft sowie Waffenfabrikation weiter zu vergrößern wusste, das verschuldete Anwesen. Das *Innere* des Schlosses ließ Schimmelmann nach damaligem Geschmack mit kostbaren Möbeln und Kunstwerken dekorieren und das ebenfalls erworbene Dorf *Woldenhorn* zu einer barocken, residenzähnlichen Ortschaft umgestalten.

In der Nordwestecke des Forstes *Hagen* südlich von Ahrensburg kann man Überreste verschiedener älterer Burganlagen ausmachen, so die *Arx Arnsburga* von 1306, die Namensgeberin der heutigen modernen Stadt im Grünen.

Praktische Hinweise

Tel.-Vorwahl Ahrensburg: 0 41 02

Information: Stadtverwaltung, Manfred-Samusch-Str. 5, Tel. 7 70, Fax 7 72 32

Vorhergehende Doppelseite: *Traum in Weiß – Schloss Ahrensburg bezaubert schon dank der sanften Eleganz und beschwingten Raffinesse seiner Fassadengestaltung*

Romantischer Salon – erlesenen Geschmack bewies der reiche Kaufmann Heinrich Carl Schimmelmann bei der Innenausstattung des Schlosses Ahrensburg im 18. Jh.

Hotels

**** Parkhotel, Lübecker Str. 10 a, Tel. 23 00, Fax 23 01 00, Internet: www.parkhotel-ahrensburg.de. Wellnesshotel mit mediterranem Restaurant Marron und Blick auf das Wasserschloss.

*** Forsthaus Seebergen, Seebergen 9–15, Lütjensee, Tel. 0 41 54/7 92 90, Fax 7 06 45. Kleines Landhotel am See.

Restaurants

Fasanenhof, Allee 18, Jersbek, Tel. 0 45 32/18 49. Das Restaurant nahe Gut Jersbek (17. Jh.) bietet Deftiges und auch feine Wildgerichte (Mo/Di geschl.).

Seehof, Seeredder 21–24, Lütjensee, Tel. 0 41 54/71 00. Delikate Fisch- und Wildgerichte erwarten den Gast.

2 Norderstedt, Pinneberg und Uetersen

Moderne Städte und ausgedehnte Baumschulen nördlich von Hamburg.

Aus schleswig-holsteinischer Sicht müsste **Norderstedt** eigentlich Süderstedt heißen. Doch von Hamburg aus gesehen, an dessen nördlicher Landesgrenze die Stadt 1970 aus den Gemeinden Garstedt, Friedrichsgabe, Harksheide und Glashütte gegründet wurde, ergibt ihr Name einen Sinn. Auf der *Harksheide* wurde einst, wie noch heute im westlich von Quickborn gelegenen *Himmelsmoor*, Torf gestochen. Das moderne Norderstedt ist eng mit Hamburg verbunden, durch den Anschluss an das Nahverkehrssystem sowie als Tagungs- und Übernachtungsort nicht weit vom Flughafen.

Vom prächtigen Pinneberger Schloss an der *Pinnau* ist leider nichts übrig geblieben. Es wurde während des Dreißigjährigen Krieges schwer beschädigt und 1720 endgültig abgerissen. Im Zentrum von **Pinneberg** steht das *Rathaus* für den nüchternen Baustil der 60er-Jahre des 20. Jh. In der 200 Jahre zuvor unweit davon errichteten *Drostei*, einem stattlichen Herrenhaus, residierten die Vertreter des dänischen Königs, die Landdroste der Herrschaft Pinneberg. Heute fungiert der restaurierte Backsteinbau als *Kreiskulturzentrum*.

Nördlich von Pinneberg beginnt ein vor mehr als 100 Jahren angelegtes, über 4000 ha großes **Baumschulrevier**. Auf den humusreichen Geestböden züchten 435 Baumschulen Bäume, Büsche sowie Blumen und versenden die Pflanzen in alle Welt. Richtung Westen setzt sich das Pflanzenzuchtgebiet mit Rosenkulturen fort. Die ›Rosenstadt‹ **Uetersen** exportiert jährlich etwa 20 Mio. Blumen. Im *Rosarium* des Ortes sind im Sommer bis zu 30 000 Blüten von 800 verschiedenen Rosenarten zu sehen.

Praktische Hinweise

Information: Rathaus Pinneberg, Bismarckstr. 8, Tel. 0 41 01/21 12 11, Fax 21 14 44. – Stadtverwaltung Norderstedt, Rathausallee 50, Tel. 0 40/53 59 50, Fax 5 26 44 35

Hotels

**** **Jagdhaus Waldfrieden**, Kieler Str. (B 4), Quickborn, Tel. 0 41 06/6 10 20, Fax 6 91 96, Internet: www.waldfrieden.com. Romantisches Parkhotel im Fachwerkstil. Das Restaurant serviert regionale Speisen (Mo geschl.).

**** **Wilhelm Busch**, Segeberger Chaussee 45, Norderstedt, Tel. 0 40/5 29 90 00, Fax 52 99 00 19. Modernes Tagungshotel mit beliebtem, allgemeinem Sonntags-Brunch.

Restaurants

Aal-Kate, Kuhlworth 21, Uetersen-Neuerndeich, Tel. 0 41 22/22 64. Hier gibt es leckere Aalgerichte in vielerlei Variationen (Mo geschl.).

Landdrostei, Dingstätte 23, Pinneberg, Tel. 0 41 01/20 77 72. Lokal im Souterrain der einstigen dänischen Drostei. Eine der empfehlenswerten Spezialitäten ist Salzwiesenlamm.

Stock's Fischrestaurant, Hauptstr. 1, Ellerbek, Tel. 0 41 01/38 35 65. Frischer Fisch wird köstlich zubereitet, mit Tagesbistro Utspann (Mo geschl.).

Mit dem Drahtesel ins Mittelalter

Seinen Pilgern aus Island hatte **Abt Nikolaus** *in einem Handbuch die Wegstrecke bis zum Grab des Apostels Jakobus in Santiago de Compostela im Nordwesten Spaniens genau beschrieben. Von Viborg in Dänemark bis nach Haithabu nahe der Schlei, so schätzte er, müsste man eine Reisewoche veranschlagen, das Ufer der Eider wäre dann einen Tag später erreicht. Dieser historische* **Heerund Ochsenweg**, *die 490 km lange Strecke zwischen* **Wedel** *am Hamburgischen Stadtrand und* **Viborg** *im dänischen Nordjütland, ist 1998 als* **Radwanderweg** *eingeweiht worden. Nun lassen sich Landschaften, Kulturdenkmäler und Städte entlang des alten Pfades gemütlich und hautnah erleben. Soldaten, Händler, Pilger, Viehtreiber und wandernde Handwerker zogen mehr als 1000 Jahre auf dem Geestrücken, der Wasserscheide zwischen Nord- und Ostsee, nach Norden oder Süden. Später folgten Eisenbahnstrecken, Landstraßen und Autobahnen ihren Spuren. Eine detaillierte Radwanderkarte sorgt für problemlose Orientierung und informiert über Sehenswürdigkeiten am Wegesrand (Information: AG Ochsenweg, Tel. 0 46 21/3 87 13, Internet: www.ochsenweg-ev.de).*

3 Wedel

Vom historischen Ochsenmarkt zur modernen Kulturstadt.

Seit 800 Jahren strömen Ende April Viehzüchter und Schaulustige zum **Ochsenmarkt** in die am südlichen Ende des historischen Heer- und Ochsenweges gelegene Stadt. Zu seinen unübertroffenen Glanzzeiten im 17. Jh. wechselten hier bis zu 30 000 Rinder den Besitzer, heute sind es noch rund 600 Tiere.

Der **Wedeler Roland**, eine 1558 aus Sandstein gehauene Figur, symbolisiert mit Rüstung, Schwert und Reichsapfel das kaiserliche Recht und wacht über den Marktfrieden. Unweit des *Marktes* befin-

Im Frühjahr dreht sich in Wedel alles um den Ochsen – auf diesem historischen Viehmarkt wechseln jährlich Hunderte von Tieren den Besitzer

det sich das **Ernst-Barlach-Haus** (Mühlenstr. 1, Di–So 10–12 und 15–18 Uhr), in dem Plastiken, Grafiken, Manuskripte und eine Fotoausstellung über Leben und Werk des 1870 in Wedel geborenen Künstlers informieren. Der expressionistische Bildhauer, Grafiker und Dichter lebte seit 1910 im mecklenburgischen Güstrow. Er wurde von den Nazis verfemt und starb 1938 verbittert in Rostock. Das Barlach-Haus organisiert den jährlichen ›Literarischen Herbst‹ mit Lesungen und weiteren Veranstaltungen. Zwei Theater, mehrere Galerien und ein **Heimatmuseum** (Küsterstr. 5, Do–Sa 14–17, So 10–12 und 14–17 Uhr), das mit Grabungsfunden von der Hatzburg die Stadtgeschichte dokumentiert, ergänzen das kulturelle Angebot.

Seit 1909 ist das östlich der Wedeler Au liegende **Schulau** eingemeindet. Sein Fährhaus mit Schiffsbegrüßungsanlage, dem **Willkomm Höft**, ist vielen Seeleuten wohlbekannt. Jedes tagsüber passierende Schiff über 500 BRT wird über Lautsprecher in der Landessprache und mit der Nationalhymne sowie dem ›Dippen‹ der Hamburger Landesflagge begrüßt. Im Souterrain des Fährhauses kann man 200 detailgetreu konstruierte Schiffsmodelle in Flaschen bewundern. Sie gehören zur Sammlung des **Buddelschiff-Museums**, das außerdem alte Galionsfiguren, Steuerräder und Kompasse zu bieten hat. Im modernen **Jachthafen** wiederum liegen mehr als 1500 Freizeitboote – in Originalgröße.

Inmitten der flussabwärts gelegenen *Haseldorfer Marsch*, die mit ihren gewundenen Deichen zu Wanderungen oder Fahrradtouren einlädt, überrascht bei **Haseldorf** der Anblick eines klassizistischen *Herrenhauses* aus dem Jahre 1804, in dem einst die Dichter Rainer Maria Rilke und Friedrich Gottlieb Klopstock zu Gast waren. Öffentlich zugänglich sind jedoch nur der dazugehörige Park und die kleine spätromanische *Backsteinkirche* aus dem 13. Jh.

Praktische Hinweise

Tel.-Vorwahl Wedel: 0 41 03

Information: Tourismusverein, Rathausplatz 3–5, Tel. 70 77 07, Fax 70 73 00

Schiff

Fähre Lühe–Schulau, Tel. 0 41 41/ 7 68 41. Fährdienst zum niedersächsischen Lühe, Ausflugsfahrten.

Hotel

*** **Diamant**, Schulstraße 2–4, Tel. 70 26 00, Fax 70 27 00, Internet: www.hoteldiamant.de. Komfortables Haus mit üppigem Frühstücksbuffet.

Restaurant

Schulauer Fährhaus, Willkomm Höft, Parnass-Straße 29, Tel. 9 20 00. Beim Anblick der Schiffe kann man Fischgerichte, Kaffee und Kuchen genießen.

Am hübschen Markt des im 17. Jh. ge- ▷
gründeten Glückstadt prangt inmitten
heller Fassaden das rote Rathaus im
Stil der niederländischen Renaissance

 4 Glückstadt

Renaissancestadt feiert Matjesfilet.

»Dat schall glücken und dat mutt glücken, und dann schall se ok Glückstadt heten«, soll *Christian IV.,* König von Dänemark und Herzog von Schleswig und Holstein, beschwörend ausgerufen haben, als er 1615 den Beschluss bekannt gab, an der Mündung der **Rhin** in die Elbe unterhalb von Hamburg und in Konkurrenz zur ungeliebten Hansestadt einen Hafen mit befestigter Siedlung zu errichten. Trotz des mit Nachdruck betriebenen Ausbaus der Stadt – hier ließen sich holländische Glaubensflüchtlinge sowie Juden nieder, die über gute Handelskontakte verfügten – konnte sie Hamburg den Rang nicht ablaufen.

Der *Bauplan* von Glückstadt folgte dem Vorbild italienischer *Renaissancestädte.* Die Straßen streben sternförmig vom zentralen Marktplatz zu den ehem. Wallanlagen und zum Hafen. Ein breiter Kanal, das **Marktfleth**, führt mitten durch die Stadt. Nach aufwendiger Restaurierung steht das historische Zentrum heute unter Denkmalschutz. Am **Binnenhafen** entlang reihen sich z.T. prächtig gestaltete Bürgerhäuser und präsentieren eine abwechslungsreiche Giebelfront. Das **Palais Quasi Non Possidentes** (›Als wenn wir nicht die Besitzenden wären‹; Am Hafen 46) mit großartigem Sandsteinportal dient heute als Kulturzentrum. Im **Königshof** (Am Hafen 40) wohnte Christian IV., bis das Schloss (nicht erhalten) fertig gestellt war. Das Wohnhaus samt dekorativem, achteckigem Treppenturm, dem *Wiebke-Kruse-Turm,* schenkte der König 1638 seiner Mätresse, die aus dem Dorf Förden-Barl bei Bad Bramstedt stammte.

Das 1642 erbaute und 1872 rekonstruierte **Rathaus** am Markt ist im Stil niederländischer Renaissance aus rotem Backstein streng symmetrisch gestaltet. An der Ostseite des Marktes erhebt sich die barocke, prächtig ausgeschmückte **Stadtkirche** (17.Jh.), deren schmale, hochgezogene Turmhaube von der Glücksgöttin Fortuna bekrönt wird.

Das **Brockdorff-Palais** (Am Fleth 43), benannt nach den letzten adligen Besitzern, wurde 1631 für den königlichen Stadtkommandanten *Graf Penz* erbaut. Heute ist hier das **Detlefsen-Museum** (Di–So 11–16, im Winter Di/Sa/So 10–12, Fr 15–18 Uhr) mit einer Sammlung zur Stadtgeschichte untergebracht. Die lange *Königstraße* führt vom Markt zum **Wasmer-Palais** aus dem 17. Jh., das später in barockem Stil überbaut wurde. Nachdem Kopenhagen im Krieg von der englischen Flotte angegriffen worden war, diente es kurzzeitig als dänischer Regierungssitz.

Mitte Juni regiert in Glückstadt der Hering. Während der **Matjeswochen** kommt das gesalzen eingelegte, zarte Filet des jungen, im Mai und Juni gefangenen Herings in vielen Variationen auf den Tisch.

Ausflug

Ende Juni, am Montag nach Johanni (24. Juni), geht es im 3 km nordöstlich von Glückstadt gelegenen **Krempe** hoch her. Fahnenschwenker und Trommler beherrschen den Marktplatz beim *Fest der Alten Kremper Stadtgilde,* das 1541 zum ersten Mal begangen wurde. Der schon im 13. Jh. gegründete Ort an der ehemals

schiffbaren Kremper Au erlebte im späten 16. Jh. seine Blütezeit mit einer eigenen Walfangflotte und weit gespannten Handelbeziehungen. Aus dieser Epoche stammen das stattliche, im Stil der Renaissance aus Backstein erbaute **Rathaus** am Markt sowie das **Nye Huß** von 1543 (Rathausstraße 18), das nach dem Kauf durch den dänischen Landesherren 1588 Königshof genannt wurde.

Praktische Hinweise

Tel.-Vorwahl Glückstadt: 0 41 24

Information: Touristinfo, Große Nübelstr. 31, Tel. 93 75 85, Fax 93 75 86

Schiff

Autofähre Glückstadt–Wischhafen, Tel. 24 30. Eine halbstündige Fahrt über die Elbe nach Niedersachsen.

Hotel

*** **Raumann**, Am Markt 5, Tel. 9 16 90, Fax 91 69 50, Internet: www. hotel-raumann.de. Familienhotel mit Restaurant in 300 Jahre altem Gebäude.

Restaurants

Kandelaber, Am Markt 14, Tel. 93 27 77. Traditionsrestaurant mit Matjesvariationen aus eigener Herstellung.

Op de Deel, Blomesche Wildnis, Am Neuendeich 127, Tel. 87 00. Matjes- und Schnitzelgerichte im traditionellen Reetdachhaus (Mo/Di geschl.).

Ratskeller zu Krempe, Am Markt 1, Krempe, Tel. 0 48 24/3 81 54. Kulinarische Leckerbissen im Alten Rathaus. Spezialität des Hauses sind Saure Rippchen (Mo geschl.).

5 Bad Bramstedt

Gesundbrunnen im Schutze eines zurückdatierten römischen Rolands.

Als Wahrzeichen des heutigen Kurorts wacht die Statue eines römisch gewandeten *Rolands* mit erhobenem Schwert und traurigem Blick seit 1693 über den Handel am *Bleek*, dem langen Marktplatz der Stadt. Hier kreuzte sich einst der Ochsenweg von Nord nach Süd mit der

Lübschen Trade, die Dithmarschen mit Lübeck verband. Vom **Herrenhaus**, das der Dänenkönig Christian IV. 1635 seiner im Nachbardorf geborenen Geliebten, der Bauerntochter Wiebke Kruse, schenkte, ist allein das imposante *Torhaus* erhalten. Heute ist Bad Bramstedt vor allem für die Behandlung von Rheuma und Gelenkerkrankungen bekannt.

Ausflug

Im **Wildpark Eckholt** in Großenaspe (tgl. 9 Uhr bis zur Dämmerung), einer 65 ha großen Wald-, Moor und Auenlandschaft etwa 12 km nordöstlich von Bad Bramstedt, sind 100 Tierarten zu Hause, u. a. Hirsche, Füchse, Störche und Falken.

Praktische Hinweise

Tel.-Vorwahl Bad Bramstedt: 0 41 92

Information: Tourismusbüro, Bleek 17–19, Tel. 5 06 27, Fax 5 06 80

Hotel

*** **Gutsmann**, Birkenweg 14, Tel. 50 80, Fax 50 81 59, Internet: www. gutsmann.de. Gepflegtes Haus in schöner Lage am Waldrand.

Café

Galerie Café Birkenhof, Störkaten (bei Kellinghusen), Tel. 0 48 22/95 00 70. Kulinarische Idylle mit Kunstgalerie.

6 Itzehoe und Wilster Marsch

Historische Marschhäfen und Deutschlands tiefster Punkt.

Im Dreißigjährigen Krieg hatte die Stadt am Rande des Geestrückens noch Glück gehabt, da sie sich 1627 Wallensteins Heer ergab, doch während kriegerischer Auseinandersetzungen zwischen Schweden und Dänemark 30 Jahre später brannten schwedische Truppen Itzehoe nieder. Viele der wieder aufgebauten Fachwerkhäuser wurden inzwischen abgerissen und selbst die malerische Schleife der Stör um die alte **Neustadt** musste 1975 einer Umgehungsstraße weichen. Am *Markt* blieb jedoch das 1695 errichtete, barocke **Alte Rathaus** erhalten, das 1893 aufgestockt wurde. Rechts davon schließt der spätklassizistische *Ständesaal* aus dem Jahr 1835 an, wo sich bis 1863 die Ständevertreter Schleswig-Hol-

steins trafen. Diese Versammlung war eine Vorform des Parlaments. Im Erdgeschoss des **Wenzel-Hablik-Museums** (Reichenstr. 21, Di–Sa 14–18, So 11–18 Uhr) werden Wechselausstellungen gezeigt, das Obergeschoss ist dem Leben und Werk des expressionistischen Malers und Kunsthandwerkers Wenzel Hablik gewidmet, der bis zu seinem Tod 1934 in Itzehoe ansässig war. Das 1992 eröffnete **Theater**, ein verspielter, wie ein Zirkuszelt konstruierter Glasbau, wurde auf dem trockengelegten Flussbett zwischen Neu- und Altstadt errichtet.

In der teilweise modernisierten **Altstadt** mit dem *Holsten-Center*, einem mächtigen Wohn-, Büro- und Einkaufskomplex, findet man auch die ältesten Gebäude von Itzehoe. Der bereits 1256 gegründete **Klosterhof** mit Überresten eines gotischen Kreuzganges wurde nach der Reformation in ein Damenstift umgewandelt. Im **Prinzesshof**, nicht weit entfernt, lebte im 19. Jh. *Prinzessin Juliane von Hessen* als Äbtissin des Stiftes. Heute dient der weiße Backsteinbau als **Kreismuseum** (Di–So 10–12 und 15–17.30 Uhr), in dem Kultur und Geschichte der Region dokumentiert werden.

Die weithin sichtbare Kirche **St. Laurentius**, die 1657 völlig ausbrannte, wurde 1716 im Stil des Barock wieder aufgebaut. Sie birgt einen kunstvoll geschnitzten Altar und eine prächtige Kanzel. In der Krypta zeugen die aufwendig dekorierten Messingsärge vom Wohlstand der Adelsfamilie Rantzau. Der *Backsteinturm* aus dem Jahre 1894 gilt als Wahrzeichen der Stadt.

Wenige Kilometer östlich von Itzehoe liegt **Schloss Breitenburg**, seit 1526 Familiensitz der Rantzau, auf einer Geestinsel in der Störniederung. In der zweiten Hälfte des 16. Jh. entwickelte sich das Schloss unter *Heinrich Rantzau* zu einem Zentrum humanistischer Ideen. Im Dreißigjährigen Krieg durch die Truppen Wallensteins gebrandschatzt, wurde es im Stil der Renaissance wieder aufgebaut. Die prächtigen *Repräsentationsräume* des nach wie vor im Privatbesitz befindlichen Gebäudes können nur nach Voranmeldung besichtigt werden (Gutsverwaltung, Tel. 0 48 28/2 93).

Die Kirche *St. Marien* von **Heiligenstedten**, wenige Autominuten westlich von Itzehoe, liegt bereits in der *Marsch*. Sie geht auf eine im Jahre 810 errichtete Taufkirche zurück. Damals verlief hier

Altstadtidylle in Itzehoe – der aus dem 13. Jh. stammende Klosterhof sonnt sich sorgfältig restauriert im Schatten des zierlich bekrönten Kirchturms von St. Laurentius

die durch Burgen gesicherte Nordgrenze des Karolingerreiches. Der sehenswerte geschnitzte *Flügelaltar* im Inneren stammt von 1580 (Kirchenschlüssel beim Pfarramt, Tel. 0 48 21/7 51 20).

Von der kurvigen Uferstraße entlang der Stör weist die **Bockwindmühle** – eine der Schöpfmühlen, die früher das Land entwässerten – den Weg nach **Wilster** inmitten der von Wassergräben durchzogenen flachen **Wilster Marsch**. Die Wilster Au ist längst versandet, doch bis zum 17. Jh. fuhren von hier Handelsschiffe über Stör und Elbe bis nach Spanien. Fachwerkhäuser zeugen vom Wohlstand vergangener Tage. Sehenswert sind das *Alte Rathaus* aus dem Jahre 1585, ein leuchtend roter Renaissancebau mit prächtigem Gilde- und Gerichtszimmer, die *Schwan-Apotheke* von 1610, das *Hudemannsche Haus* (1596) und das spätbarocke *Neue Rathaus* von 1785.

In der Gemeinde **Neuendorf** nördlich von Wilster kann man den *tiefsten Punkt Deutschlands* besuchen. Aus einem Brunnen sprudelt frisches Wasser, ein handgeschnitztes Schild auf einem Eichenpfahl gibt Auskunft: Man befindet sich 3,54 m unter Normalnull.

Praktische Hinweise

Tel.-Vorwahl Itzehoe: 0 48 21

Information: Stadtmanagement Itzehoe, Kirchenstr. 2, Tel. 58 00, Fax 6 72 06

Hotel

** Gut Kleve, Hauptstr. 34, Kleve, Tel. 0 48 23/86 85, Fax 68 48, Internet: www. gut-kleve.de. Gemütliche Zimmer im Backsteinguthaus, knapp 10 km westlich von Itzehoe. Schmackhafte traditionelle Küche im Restaurant.

Restaurants

Altes Katasteramt, Kirchenstr. 5, Tel. 77 94 18. Gehobene deutsche Küche.

Zur Post, Hauptstr. 25, Wacken, Tel. 0 48 27/22 83. Hier genießt man herzhafte Klassiker wie Grünkohl, Matjes und Büsumer Krabben.

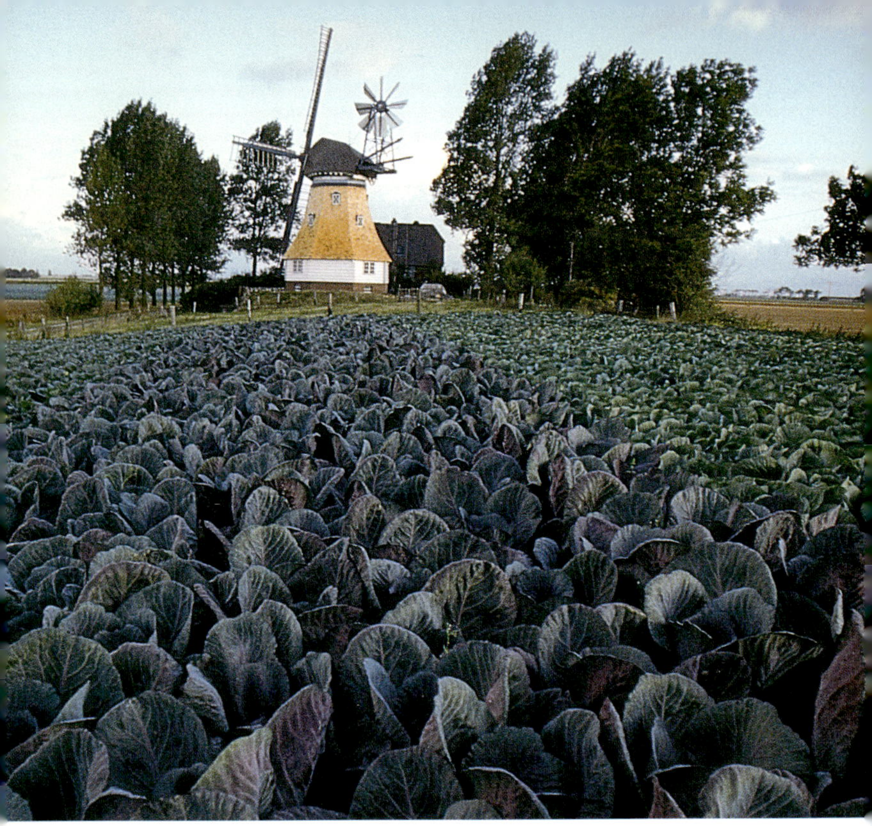

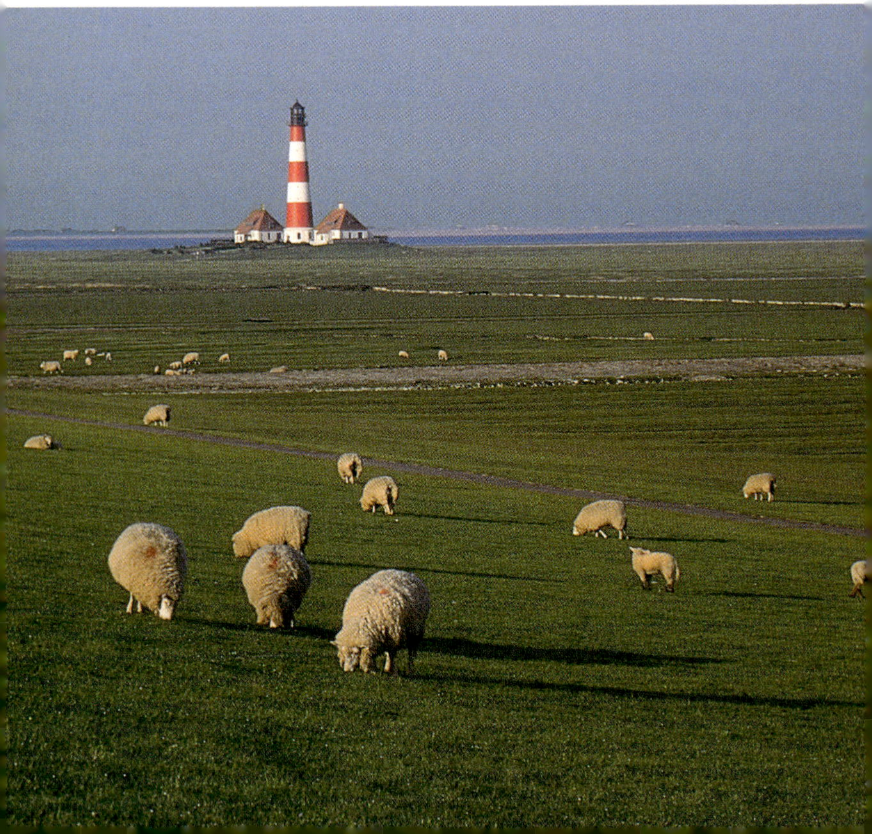

Dithmarschen und Eiderstedt – Land der Köge und des Kohls an der Nordsee

Nördlich der Elbmündung haben die Fluten der Nordsee über Jahrtausende fruchtbaren Boden angeschwemmt und damit die charakteristische Landschaft **Dithmarschens** und der **Halbinsel Eiderstedt** geschaffen. Die **Köge** – so nennt man die weiten, grünen Marschen zwischen dem Watt und der flachhügeligen Geest – sind durch hohe Deiche geschützt. Zahlreiche **Windkraftwerke** überragen riesige Äcker, auf denen im Herbst 80 Mio. **Kohlköpfe** geerntet werden. Die beschauliche flache Landschaft lädt zu ausgedehnten Fahrradtouren und Spaziergängen auf den langen Deichen ein. Besonders beliebt sind die Küstenorte **Büsum** und **St. Peter-Ording**, wo Strandsegler die meist frische Brise von der Nordsee nutzen und bei Ebbe geführte Wanderungen ins **Watt** angeboten werden. Von der langen, stolzen Geschichte Dithmarschens zeugen wohlhabende Städte wie **Marne**, **Meldorf** und **Heide**, die einstige Hauptstadt der bis ins 16. Jh. von Fürsten und Königen unabhängigen Region mit ihren gut erhaltenen Baudenkmälern. In **Friedrichstadt** erinnern Grachten und Kirchen unterschiedlicher Konfessionen daran, dass hier im 17. Jh. holländische Glaubensflüchtlinge eine neue Heimat fanden. Aus neuerer Zeit stammt der **Nord-Ostsee-Kanal**, der von **Brunsbüttel** nach Kiel führt und selbst Ozeanriesen den weiten und einst gefährlichen Umweg um Skagen erspart.

7 Brunsbüttel

Historische Schleusenstadt am Nord-Ostsee-Kanal.

Als 1674 die Elbe ihren Lauf änderte, musste die mittelalterliche Siedlung, am Nordufer der Flussmündung gelegen, weiter landeinwärts neu aufgebaut werden. Aus dieser Zeit stammt der alte Stadtkern von Brunsbüttel, der noch die barocke Anlage mit ihrem weiten, rechteckigen Marktplatz erkennen lässt. Die Kirche **St. Jakobus**, ein Backsteinsaalbau von 1678, wurde nach einem Brand 1724 erneuert. Ihren Barockaltar aus dem 17. Jh. schmücken fein geschnitzte Reliefmedaillons. Das **Heimatmuseum** (Markt 4) zeigt Exponate aus dem 18. und 19. Jh., darunter Bücher, Siegel und Schnitzarbeiten.

◁ **Oben:** *Kohl – so weit das Auge reicht. Satt sehen und satt essen kann man sich an den Gemüseköpfen, die auf dem fruchtbaren Marschland an der Nordseeküste gedeihen.*

Unten: *Den weidenden Schafen braucht der Leuchtturm von Westerheversand wohl kaum den Weg durch Untiefen zu weisen*

Heute ist Brunsbüttel vor allem Industriestandort, Seeleute kennen es als Schleusenstadt an der Mündung des **Nord-Ostsee-Kanals** in die Elbe. Der neuere Teil des Ortes am Nordufer des Kanals entstand gleichzeitig mit dem Bau der Wasserstraße 1886–95. Die riesigen Schleusenkammern wurden 1907–14 erneuert, um noch größeren Schiffen Durchfahrt zu gewähren. Sie gleichen den Höhenunterschied zwischen Kanal und Elbe bzw. die unterschiedlichen Pegelstände bei Ebbe und Flut aus und sind 330 m lang, 45 m breit und 11 m tief. Beim Eingang zu den Schleusen am Nordufer informiert eine **Ausstellung** über die Geschichte des Kanals, seine Schleusen, Häfen, Brücken und Fähren. Bei *Burg*, nördlich von Brunsbüttel und kurz vor der markanten *Hochdonnbrücke* über den Kanal, lässt sich der dicht bewachsene Ringwall der sächsischen **Böckelnburg** aus dem 9. Jh. ausmachen. Im Kampf gegen die Obrigkeit erschlugen hier 1144 freiheitsliebende Dithmarscher Bauern den verhassten Grafen Rudolf von Stade und seine Frau.

Praktische Hinweise

Tel.-Vorwahl Brunsbüttel: 0 48 52

Information: Touristinfo, Markt 4 (im Heimatmuseum), Tel. 91 77, Fax 91 78

Unterkunft
* **Heuherberge**, Wettendorf 9, St. Margarethen (ca. 6 km Richtung Glückstadt an der Elbe), Tel. 0 48 58/4 81. Zünftig und günstig mit dem Schlafsack im Heu übernachten.

Restaurant
Strandhalle, Deichstraße, Tel. 66 00. Beliebtes Ausflugslokal hinter dem Deich mit hervorragender Seezunge (Jan.–Mai Mo geschl.).

8 Friedrichskoog, Marne und Meldorf

Watt, Marschen und mittendrin die Karnevalshochburg des Nordens.

Nordwestlich von Brunsbüttel liegt weites, flaches Marschland, das erst im 18. Jh. eingedeicht wurde. Früher leckten bei Flut die Nordseewellen gierig an den **Wurten**, den künstlich aufgeschütteten Wohnhügeln der Fischer und Bauern, die sich aus dem tief liegenden Land erhoben. Heute schützen mächtige Deiche, auf denen viele Hundert Schafe grasen, die sattgrünen Weiden von Friedrichskoog, Dieksanderkoog und Kronprinzenkoog. Der Weg führt durch das größte zu-

Oben: Bunte Kutterflotte – die Boote im Fischerhafen von Friedrichskoog sind gerüstet für den nächsten großen Fang

Unten: Flacher geht's nicht – schnurgerade wie eine Fahrbahn durchschneidet der Nord-Ostsee-Kanal bei Brunsbüttel das Land

sammenhängende **Kohlanbaugebiet** Europas und Ende September wird die ertragreiche Ernte auch ausgiebig genossen. Die hiesigen Restaurants bieten dann dieses gesunde Gemüse in allen erdenklichen, köstlichen Variationen an.

Nicht weniger typisch für Dithmarschen sind seine *Windmühlen*, die heute keine Schöpfräder mehr antreiben, sondern der Erzeugung von Elektrizität dienen. Im **Windenergiepark Westküste** (Sommerdeich 14 a, April–Sept. tgl. 10–17, Okt.–März Mi 14–16 Uhr) im Kaiser-Wilhelm-Koog nicht weit von Marne drehen sich drei Dutzend unterschiedliche Windanlagen um die Wette. Eine *Führung* erläutert die Vorteile dieser Art der Energiegewinnung.

Friedrichskoog ist mit 3000 Einwohnern die größte Siedlung in den Kögen und wurde nach König Friedrich VII. von Dänemark benannt. Ursprünglich nur ein kleiner Fischerort, ist es heute ein beliebtes *Nordseebad* mit einem reichen Angebot an Apartments, Häuschen und Zimmern. Hauptattraktion ist der hübsche, kleine **Hafen**. Hier verkaufen Fischer fangfrische Krabben direkt vom Kutter. Nicht weit entfernt liegt die einzige **Seehundaufzuchtstation** (An der Seeschleuse 4, März–Okt. tgl. 9–18, Nov.–Febr. tgl. 10–17.30 Uhr, Fütterungen 10.30 und 17.30 Uhr) der Küste. Kranke oder von der Mutter verlassene Robbenbabys werden für ein Leben in Freiheit wieder aufgepäppelt. Besucher können bei den *Fütterungen* zusehen und im Informationszentrum allerlei Wissenswertes über Seehunde und ihren Lebensraum in der Nordsee und dem Wattenmeer erfahren. Im *Zentrum* von Friedrichskoog erhebt sich die Holländerwindmühle **Vergissmeinnicht**. Sie bildet den Rahmen für romantische Hochzeiten, denn in ihrem Inneren ist das Standesamt untergebracht (Anmeldung bei: Gemeindeverwaltung, Koogstr. 35 a, Tel. 0 48 54/8 11, Mo–Fr 8–12 Uhr).

Südöstlich und weiter landeinwärts liegt **Marne**, das 1140 als kleiner Fischereihafen namens *Myrne* erstmals urkund-

lich erwähnt wurde. Daran ist zu ermessen, wieviel Marschland seither dem Meer abgerungen wurde. Die Kirche **St. Maria Magdalena** aus dem 11. Jh. im Zentrum musste 1906 dem heutigen

Rutschpartie am Beckenrand – pudelwohl fühlt sich offensichtlich dieser junge Seehund in der Aufzuchtstation nahe Friedrichskoog

29

neoromanischen Bau weichen. Nur das Bronzetaufbecken von 1325 und die prächtig geschnitzte Renaissancekanzel aus dem Jahre 1603 sind erhalten. Im nahe gelegenen **Rathaus**, 1915 aus Backstein im späten Jugendstil erbaut, sind eindrucksvolle Hamburger *Schapps* (geschnitzte Holzschränke) aus dem 18. Jh. und Holztruhen mit schweren Beschlägen aus Dithmarschen zu sehen. Das kleine Marner **Heimatmuseum** (Museumsstr. 2, Di–Fr 15–17, So 10–12 Uhr) wurde 1873 vom Skatklub der Stadt gegründet, der auch das Haus erbaute. Neben zahlreichen originellen Objekten, darunter ein echtes Kerbholz, auf dem einst die Vergehen der Bürger eingeschnitzt wurden, zeigt es auch Exponate zur Wohnkultur wohlhabender Dithmarscher Bauern.

Zur närrischen Zeit zwischen November und Februar verwandelt sich Marne in die Hochburg des norddeutschen **Karnevals**. Der *Rosenmontagszug* mit 60 Festwagen und die Nacht der Feste und Bälle vor Aschermittwoch locken Tausende von auswärtigen Besuchern an.

Meldorf ist die älteste Stadt Dithmarschens, im 9. Jh. wurde die erste Kirche

Backsteingotik von Spitzenqualität präsentiert der aus dem 13. Jh. stammende Dithmarscher Dom von Meldorf

errichtet. Damals war es nicht nur Fischereihafen, sondern auch *Thingplatz*, d. h. Versammlungs- und Gerichtsort. Bis ins 15. Jh. berieten sich hier die Vertreter der unabhängigen Dithmarscher Bauern. Der große Marktplatz mit seiner alles überragenden gotischen Basilika bezeugt die damalige Bedeutung des Ortes. **Dithmarscher Dom** nennen die Meldorfer ihre Backsteinkirche aus dem 13. Jh., obgleich sie nie Bischofssitz war. Doch mit ihrer überaus reichen **Innenausstattung** wird sie dem Namen gerecht. Die *Gemäldezyklen* im Gewölbe des Querschiffs stellen biblische Szenen, Heiligenviten und das mittelalterliche Leben der Bauern und Ritter dar. Die schlichte Bronzetaufe stammt ebenfalls aus dem 13. Jh., die Chorschranke aus Ebenholz (1603) ist im Stil der niederländischen Renaissance geschnitzt.

Ein *Rundgang* durch die mit Kopfstein gepflasterten Straßen um Dom und Marktplatz führt an zahlreichen liebevoll restaurierten Backsteingebäuden vorbei, die im Vergleich zur Kirche jedoch eher bescheiden anmuten. In den Räumen der früheren Gelehrtenschule zeigt das **Dithmarscher Landesmuseum** (Bütjestr. 4, Di–Fr 10–16, Sa/So 11–16 Uhr, im Winter Sa geschl.) eine reiche Sammlung von Zeugnissen bäuerlicher Kultur, wie etwa den prächtigen *Swinschen Pesel*, eine Bauernstube aus dem 16. Jh. Dazu kommen Informationen und Modelle zum Deichbau sowie Dokumente zur Geschichte der Bauernrepublik Dithmarschen. Das **Landwirtschaftsmuseum** (Jungfernstieg 4, April–Sept. Di–Fr 9–17, Sa/So 11–17 Uhr) veranschaulicht die Technisierung der Landwirtschaft seit Mitte des 19. Jh., das benachbarte *Dithmarscher Bauernhaus* zeigt die Lebensbedingungen auf dem Lande vor der Industrialisierung.

Praktische Hinweise

Information: Tourismus Service, Koogstr. 141, Friedrichskoog, Tel. 0 48 54/10 84, Fax 8 50. – Fremdenverkehrsverein, Nordermarkt 10, Meldorf, Tel. 0 48 32/70 45, Fax 70 46. – Touristinfo Marne-Marschenland, Mitteldeichweg 3, Kronprinzenkoog, Tel. 0 48 56/3 83, Fax 5 37

Hotels
** **Landhaus Gardels**, Westerstr. 15, St. Michaelisdonn (9 km nordwestlich

Seemann auf Landurlaub – im Strandkorb am grünen Ufer des Seebades Büsum gestrandet sind ein patriotischer Matrose mit Frau und andere windgeschützte Gesellen

von Marne), Tel. 0 48 53/80 30, Fax 80 31 83. Angenehmes, modernes Haus mit individuell dekorierten Zimmern und Dithmarscher Gaststube.

** **Möwen-Kieker**, Strandweg 6, Friedrichskoog, Tel. 0 48 54/9 04 00, Fax 90 40 33. Gemütliches Hotel. Café mit leckeren Torten und Restaurant mit frischen Fisch- und Kohlspezialitäten.

Café

Charlotte's Café, Hafenstr. 112, Friedrichskoog, Tel. 0 48 54/9 03 93. Hier kann man hausgemachte Kuchen und Waffeln genießen.

9 Heide und Büsum

Frische Krabben, grüner Strand und die Hauptstadt der Bauernrepublik.

1434 wurde der Versammlungs- und Gerichtsort der Dithmarscher Bauern von Meldorf auf einen freien Platz 13 km weiter nördlich verlegt, den heutigen Marktplatz von **Heide**. Um ihn herum entwickelt sich seither die Stadt. Bis zum Fall der Bauernrepublik 1559 kamen auf dem 4,7 ha großen Geviert an Samstagen 12 000 wehrhafte Männer zur Beratung zusammen und die Regenten der 48 Kirchspiele sprachen vor den Versammelten Recht. Nach der Niederlage der Bauern ließ der Oberbefehlshaber der dänischen und schleswig-holsteinischen Truppen, Johann Rantzau, die Stadt vollständig niederbrennen.

Ein historisches Fest mit mittelalterlichen Ständen und kostümierten Bauern und Bürgern, der **Heider Marktfrieden**, erinnert jedes zweite (gerade) Jahr im Juni an diese Zeit. Höhepunkt der Feiern, die mit Musikveranstaltungen und Ringreiten etc. mehr als 200 000 Besucher anlocken, ist die nachgestellte plattdeutsche Bauernhochzeit in traditioneller Dithmarscher Tracht.

Den größten **Marktplatz** Deutschlands dominiert der lang gestreckte Backsteinbau der Kirche **St. Jürgen**, die nach einem Brand 1559 wieder aufgebaut und im 17. Jh. erweitert wurde. Ihr prächtiger *Barockaltar* von 1699 stellt Letztes Abendmahl, Kreuzigung und Grablegung dar. Stilistisch im Kontrast dazu stehen die modernen Buntglasfenster aus den 1960er-Jahren. Sie thematisieren die Verkündigung Mariens sowie die Frauen am Grab Christi.

Unweit des Marktplatzes, in der mit Kopfstein gepflasterten Straße *Lüttenheid*, erinnert das **Klaus-Groth-Museum** (Nr. 48, Mo–Sa 10–12, Mo/Di, Do/Fr auch 14–16.30 Uhr, im Winter Mo–Do auch 14–16 Uhr) an den hier geborenen Mundartdichter Groth (1819–1899). Neben dem ursprünglichen Inventar werden Handschriften aus seinem Nachlass präsentiert. Nicht weit entfernt steht das **Brahms-Haus** (Nr. 34,

April–Mitte Okt. Di/Do/Fr 14.30–16.30, Sa 10.30–12.30 Uhr), in dem der Vater des 1833 in Hamburg geborenen Komponisten lebte. Eine Gedenkstätte zu Leben und Werk des Musikers wird durch wechselnde Ausstellungen und Veranstaltungen ergänzt.

Nördlich des Marktes dokumentiert das **Heimatmuseum** (Brahmsstr. 8, Di–Fr 9–12 und 14–17, So 10–17 Uhr, im Winter Di–Fr 14–17, So 10–12 und 14–17 Uhr) anhand historischer Fotos die Entwicklung der Stadt, außerdem sind alte Handwerksgeräte und Tonwaren ausgestellt. Das **Museum für Dithmarscher Vorgeschichte** im selben Gebäude zeigt eine Sammlung mit prähistorischen Fundstücken aus der Region. Im Park bei den Museen wurde ein *Hünengrab* aus der jüngeren Steinzeit rekonstruiert.

Weitere Gräber aus dieser frühen Zeit, z. B. den *Brutkamp* mit einem 15 t schweren Deckstein, findet man rund um **Albersdorf**, 15 km südöstlich von Heide.

Bei **Hemmingstedt**, 5 km südlich der Kreisstadt, erinnert ein mächtiger Feldstein auf der *Dusenddüwelswarf* (Tausendteufelswarft) an den letzten großen Sieg einer Truppe bewaffneter Bauern im Jahre 1500 über ein 12 000 Mann starkes Heer dänischer und deutscher Adliger und Landsknechte.

Attraktionen ganz anderer Art bietet das fast 20 km westlich von Heide gelegene Nordseestädtchen **Büsum**, das sich seit der Gründung des Seebads 1837 zu einem beliebten Ferienort entwickelt hat. Hier locken Krabben, frisch gefangen und gekocht, direkt vom Kutter, Strandkörbe auf Wiesen und im Sand, Badefreuden im Meer oder Wellness-Angebote im *Vitamaris* und Wanderungen, den Deich entlang oder bei Ebbe durchs Watt.

Das **Museum am Meer** (Am Fischereihafen 19, Mitte März–Okt. Mo–Do 10–17, Sa 13–17, So 11–17 Uhr, sonst nur Sa/So, Febr. geschl.) zeigt die Geschichte der Hafenstadt und das Leben der Krabbenfischer. Die Kirche **St. Clemens** mit ihrem spitzen Dachreiter wurde Mitte des 15. Jh. dem Schutzheiligen der Küstenbewohner und Schiffer geweiht. Den Backsteinsaalbau schmückt eine Bronzetaufe (13. Jh.), die der Büsumer Seeräuber *Cord Widderich* auf Pellworm raubte. Wahrzeichen der Stadt ist der **Leuchtturm** am Hafen, der im traditionellen rot-weißen Streifendesign seit 1913 den Schiffen den Weg signalisiert.

Ausflug

Im einsamen **Wesselburen**, 15 km nördlich von Büsum, wurde 1813 der Dramatiker Friedrich Hebbel geboren. In der früheren Kirchspielvogtei, in der Hebbel als Bote und Schreiber gearbeitet hat, wurde ein **Hebbel-Museum** (Österstr. 6, Di–So 10–12 und 15–17 Uhr, im Winter Di/Do 14–17 Uhr) eingerichtet. Hier sind das Schreibzimmer und ein Modell des Elternhauses zu sehen.

Praktische Hinweise

Tel.-Vorwahl: Heide: 04 81, Büsum: 0 48 34

Information: Touristinfo Heide, Postelweg 1, Tel. 69 91 17, Fax 6 77 67. – Kur- und Tourismusservice Büsum, Südstrand 11, Tel. 90 90, Fax 65 30

Schiff

Reederei Rahder, Hafenbecken 2, Büsum, Tel. 36 12. Fahrten nach Helgoland und durch den Nationalpark Wattenmeer.

Camping

Zur Perle, Nordseestr. 80, Büsum, Tel. 6 01 37, Fax 6 01 88. Moderner Platz hinter dem Deich mit guter Ausstattung und eigenem Sandstrand.

Hotels

** Kotthaus, Rüsdorfer Str. 3, Heide, Tel. 85 09 80, Fax 8 50 98 45, Internet: www.hotel-kotthaus.de. Freundliches

Trost für das Heimweh der Holländer spendeten seit dem 17. Jh. die hübschen Giebelhäuser von Friedrichstadt

Haus der Mittelklasse mit beliebtem Restaurant gleich am Bahnhof.

* Hohenzollern-Strandhotel, Strandstr. 2, Büsum, Tel. 99 50, Fax 99 51 50. Preiswerte, gut ausgestattete Zimmer direkt am Meer, eigenes Restaurant.

Restaurant

Kolles, Hafenstr. 27, Büsum, Tel. 24 40. Mit 100 000 Muscheln ist der Alte Muschelsaal dekoriert. Zu Essen gibt es köstliche Scholle, Krabben und mehr aus dem Meer (Mo geschl.).

TOP TIPP 10 Friedrichstadt

Romantisches ›Holländerstädtchen‹ mit Grachten und Giebelhäusern.

Am Zusammenfluss von *Eider* und *Treene* ließ Herzog Friedrich III. von Schleswig-Gottorf 1621 eine Siedlung anlegen, die vor allem holländischen Glaubensflüchtlingen ein neues Zuhause und Religionsfreiheit bot. Am zentralen **Marktplatz** fehlt die dominierende Kirche, da die Gotteshäuser unterschiedlicher Kon-

33

fessionen als Ausdruck der Gleichberechtigung und gegenseitigen Toleranz über die gesamte Stadt verteilt wurden.

Der schlichte Saalbau der **Lutherischen Kirche** am Mittelburgwall wurde 1643 im niederländischen Baustil errichtet. Zur Ausstattung gehört das bemerkenswerte barocke Altarbild (1675) des Rembrandt-Schülers *Jürgen Ovens*, das die Beweinung und Salbung Christi darstellt. 1624 erbauten holländische Flüchtlinge die **Remonstrantisch-Reformierte Kirche** in der Prinzessstraße, die nach einem Brand 1852 durch einen spätklassizistischen Saalbau ersetzt wurde. Auch die katholische Kirche **St. Canutus** am Fürstenburgwall musste nach einem Brand 1853 neu errichtet werden. Der neogotische Bau birgt ein wertvolles Kruzifix aus dem 13. Jh. Die prächtige **Alte Münze**, 1626 im Stil der niederländischen Renaissance am Mittelburgwall erbaut, diente nie ihrem eigentlichen Zweck, sondern als Residenz des herzoglichen Statthalters. In einem älteren Querbau befindet sich seit 1652 der *Betsaal der Mennoniten*.

Ein besonderes Besichtigungserlebnis ist eine **Grachtenfahrt** (ab Treene/Großer Garten), in deren Verlauf man die schönen niederländischen Kaufmannshäuser der Stadt mit ihren steilen Treppengiebeln bewundern kann.

Ausflüge

In **Lunden**, 12 km südwestlich von Friedrichstadt, erzählt der *Geschlechterfriedhof* neben der weiß gestrichenen, roma-

Als wäre es ein Stück Amsterdam – das Zentrum von Friedrichstadt kann man per Boot von den Grachten aus besichtigen

nischen *St.-Laurentius-Kirche* von der stolzen Geschichte der einstigen Republik Dithmarschen. Die Grabplatten aus Sandstein schmücken Familienwappen und Namen wohlhabender Bauernfamilien. Das attraktive *NaTour-Centrum* im Ort mit Erlebnisräumen und historischen Gebäuden dokumentiert die Entstehung der Marschlandschaften.

Naturliebhaber können im 20 km östlich von Friedrichstadt gelegenen **Bergenhusen** ein *Storchendorf* bewundern. Zwischen April und August sind bis zu zehn Nester besetzt und in der Storchen-Auffangstation werden kranke Tiere gepflegt. Nähere Informationen gibt es beim örtlichen Naturschutzbund (Goosstroot 1, Tel. 0 48 85/5 70).

Praktische Hinweise

Tel.-Vorwahl Friedrichstadt: 0 48 81

Information: Touristinformation, Am Markt 9, Tel. 1 94 33, Fax 70 93

Hotels

**** **Aquarium**, Am Mittelburgwall 4–8, Tel. 9 30 50, Fax 70 64, Internet: www.hotel-aquarium.de. Familienhotel mit regionaler Küche und Hallenbad.

Stadtshof, Eiderdeich, Tel. 3 82, Fax 8 70 18. Apartments neben einem alten Bauernhof mit Garten.

Willhöfts Holländische Stuben, Am Mittelburgwall 22, Tel. 9 39 00, Fax 93 90 22. Gemütliche Zimmer im holländischen Kaufmannshaus aus dem 17. Jh. Restaurant mit zeitgemäßer Regionalküche.

Restaurant

Lindenhof, Lunden, Friedrichstr. 39, Tel. 0 48 82/4 07. Landgasthof mit leichter Küche sowie traditionellen Speisen, z. B. Mehlbüddel und Kohlpudding.

11 Halbinsel Eiderstedt

Eingedeichtes Marschland, nur von Kirchen und Haubargen überragt.

Wie ein dicker Daumem ragt die 15 km breite Halbinsel Eiderstedt 30 km in die Nordsee hinaus. Ein breiter, hoher *Grasdeich*, auf dem Hunderte von Schafen weiden, schützt das dünn besiedelte, erst seit Ende des 15. Jh. dem Meer abgerungene Marschland vor den Fluten der Nordsee. Fahrradurlauber durchkreuzen die Felder und genießen auf den Binnen-

Wettlauf mit dem Wasser – Wattwanderungen führen bei Ebbe von Westerheversand auf eine vorgelagerte Sandbank. Die Route ist mit Holzpfählen markiert

deichen die weite Sicht über das Land. Gedrungene romanische Kirchen weisen den Weg von Ort zu Ort, und da der Dorfgasthof, der Krug, meist nicht allzu weit entfernt steht, ist auch für eine belebende Rast gesorgt. *Haubarge*, mächtige friesische Bauernhöfe, ragen wie Inseln aus der flachen Landschaft. Unter ihren hohen, pyramidenförmigen Dächern waren Wohn-, Vorratsräume und Stallungen vereint und im Mittelgeviert wurde das Heu gelagert (Heuberge).

Das beeindruckende **Eidersperrwerk** trennt seit 1973 die Eidermündung von der offenen Nordsee. Bei günstigem Wetter sind die fünf 40 m breiten Strömungstore offen, bei Sturmflut werden sie geschlossen, um das Land beiderseits der tiefen Mündungsbucht vor Überschwemmung zu schützen.

Tönning, 8 km landeinwärts am Nordufer der Eider gelegen, blickt auf eine 1000-jährige Geschichte zurück. Im 17. Jh. war es Nebenresidenz der Gottorfer Herzöge. Das **Packhaus** von 1783 (im Sommer Di–Fr/So 14–17, Sa 10–12 Uhr), ein mächtiges dreigeschossiges Lagergebäude am Hafen, beherbergt heute eine interessante *Sammlung* zu Stadtgeschichte und Seefahrt. Der 62 m hohe Turm der Kirche **St. Laurentius** ist das Wahrzeichen Tönnings. Das mächtige Tonnengewölbe des Backsteinbaus ruht auf romanischen Grundmauern aus dem 12. Jh. und wurde 1704 mit biblischen Szenen reich bemalt. Der prunkvolle Barockaltar von 1634 stellt Abendmahl, Kreuzigung und Auferstehung dar. Der Rembrandt-Schüler *Jürgen Ovens* – er wurde 1623 in Tönning geboren – schuf u. a. Medaillons, eines zeigt seine Frau, das andere ist ein Selbstporträt.

Das **Multimar Wattforum** (Am Robbenberg, April–Okt. 9–19, Nov.–März 10–18 Uhr) zeigt mit einer spannenden Erlebnisausstellung und diversen Aquarien den Lebensraum Wattenmeer.

Im Zentrum der Halbinsel Eiderstedt liegt **Garding**. Die zweischiffige, romanische Backsteinkirche, den Heiligen Christian, Bartholomäus und Maria Magdalena geweiht, ist mit Wandmalereien aus Gotik und Renaissance reich verziert. 1817 wurde der Historiker und demokratische Reichstagsabgeordnete Theodor Mommsen hier geboren, der für seine *Römische Geschichte* als erster Deutscher 1902 den Nobelpreis für Literatur erhielt. Seinem Leben und Werk ist die **Theodor-Mommsen-Gedächtnisstätte** (Markt 6, Juni–Aug. Di–Fr 9–11.30, sonst Di–Fr 15–17 Uhr) im Geburtshaus des Politikers gewidmet.

Am Nordufer der Tümlauer Bucht, 12 km nordwestlich von Garding, warnt der 37 m hohe, rot-weiß gestreifte Leuchtturm von **Westerheversand** die vorbeifahrenden Schiffe vor Untiefen.

Genau in der Mitte der Halbinsel Eiderstedt, 6 km nordwestlich von Garding, liegt die kleine Ortschaft **Tetenbüll** mit ihrer spätgotischen St.-Anna-Kirche und dem alten *Kaufmannsladen Peters* von 1820, der originalgetreu restauriert wurde und wieder gut florierte.

Etwa 8 km nördlich von Tönning erhebt sich der im 16. Jh. erbaute Herrensitz **Hoyerswort** in der freien Marsch, der einzige auf der bäuerlichen Eiderstedter Halbinsel. Der weiße Renaissancebau mit Treppenturm und Schweifgiebel kann nur nach Voranmeldung besichtigt werden (Tel. 0 48 64/2 94). Der **Rote Haubarg** in Witzwort-Adolfskoog ist Teil des *Eiderstedter Heimatmuseums* (Di–So 10–17 Uhr). Der schönste und mächtigste der alten, in holländischer Tradition erbauten Friesenhöfe mit seinem pyramidenförmigen, von 12 m hohen Eichenstämmen gestützten Dach, rotem Mauerwerk und roten Dachziegeln wurde Mitte des 17. Jh. errichtet. Er brannte 100 Jahre später nieder und wurde in etwas kleinerer Form und mit geweißten Wänden wieder aufgebaut. Reet ersetzte die Dachziegel. Die Wohnräume, darunter der prunkvoll eingerichtete Pesel (Stube) aus Brösum, und die Ställe beherbergen die landwirtschaftliche Abteilung des Museums und ein Restaurant.

Praktische Hinweise

Tel.-Vorwahl Eiderstedt: 0 48 62

Schwarz-weiß statt Color – der Rote Haubarg in Witzwort-Adolfskoog änderte beim Wiederaufbau im 19. Jh. seine Farbe. Heute ist der historische Friesenhof zugleich Restaurant und Museum

Information: Fremdenverkehrsgemeinschaft Eiderstedt, Am Markt 26, Garding, Tel. 4 69, Fax 12 52

Schiff

Reederei Ziegert, Hafen Tönning, Tel. 0 48 61/56 64, Fax 63 56. Fahrten in den Nationalpark Wattenmeer und zum Eidersperrwerk.

Hotels

** **Godewind**, Am Hafen 23, Tönning, Tel. 0 48 61/66 00, Fax 6 97 97, Internet: www.romantikhotel-godewind.de. Komforthotel mit historischem Ambiente.

** **Zur Sonnenseite**, Tönninger Str. 4, Garding, Tel. 89 21, Fax 13 07. Moderne, gut ausgestattete Apartments liegen zentral inmitten der Halbinsel.

Restaurants

Andresen, Haus 4, Tönning-Katingsiel, Tel. 3 70. Uriges Ausflugslokal und älteste Schankwirtschaft der Westküste.

Kirchspielkrug, Tetenbüll, Tel. 80 96. Weinsuppe, Saure Rolle, Mehlbeutel und andere Eiderstedter Spezialitäten.

Roter Haubarg, Witzwort-Adolfskoog, Tel. 0 48 64/8 45. Ländliche Küche in altem Gemäuer (Mo geschl.).

12 St. Peter-Ording

Strandsegler, Schwefelquellen und Restaurants auf Pfählen.

Das beliebte Touristenzentrum im äußersten Westen von Eiderstedt ist aus vier kleineren Ortsteilen zusammengewachsen. Im ursprünglichen **St. Peter-Dorf** mit seiner gotischen Backsteinkirche *St. Petri* befindet sich auch das *Eiderstädter Heimatmuseum* (Di–Sa 10–12 und 15–17 Uhr, im Winter nur nachmittags; So 10–12 Uhr). In dem langen, reetgedeckten Bau aus dem 18. Jh. werden Exponate zu Geschichte und alten Bräuchen der Region gezeigt. Das Kurzentrum **St. Peter-Bad** entstand um eine der heilkräftigsten *Schwefelquellen* Deutschlands, das ländliche **St. Peter-Böhl** wird von einem Leuchtturm überragt. **St. Peter-Ording** schließlich liegt in unmittelbarer Nähe zum Strand und zu ausgedehnten *Wäldern*, durch die markierte Spazierwege führen.

Am **Hitzsand**, einer 11 km langen und mehr als 500 m breiten Sandbank, flitzen die dreirädrigen, zerbrech-

Essen auf Stelzen – am Strand von St. Peter-Ording laden die in hübschen Pfahlbauten untergebrachten Restaurants zum Mahle mit Panoramablick

lich wirkenden *Strandsegler* mit atemberaubender Geschwindigkeit über den flachen Strand. Wer nicht nur zuschauen will, kann im Jachtclub von St. Peter-Ording (Tel. 54 63) den nötigen Pilotenschein machen.

Typisch für die Gegend sind auch die beliebten *Pfahlbau-Restaurants* am Rande der Strandzone. Und wem Wind und Wellen zu ungestüm sind, der kann in der gut temperierten **Dünen-Therme** eine überdachte Badelandschaft genießen. Außerdem ist der **Westküstenpark** (Ortsteil Böhl, Tel. 30 44), ein Landschafts- und Tierpark, bei jedem Wetter ein Erlebnis.

Praktische Hinweise

Tel.-Vorwahl St. Peter-Ording: 0 48 63

Information: Tourismus-Service-Center, Postfach 100, Tel. 99 91 55, Fax 99 91 80

Hotels
★★★★ Philipphof, Tating-Ehst, Tel. 0 48 62/3 16, Fax 16 29, Internet: www.philipphof.de. Exklusives Landgasthaus auf einem geschmackvoll eingerichteten Landsitz nicht weit vom Trubel der Küste.

★★★★ Vier Jahreszeiten, Friedrich-Hebbel-Str. 2, Tel. 70 10, Fax 26 89, Internet: www.hotelvierjahreszeiten.de. Komforthotel mit Sporteinrichtungen, Schönheitsfarm und Badelandschaft sowie hervorragenden Restaurants.

★★★Aparthotel Friesenhof, Im Bad 58, Tel. 9 68 60, Fax 96 86 76, Internet: www.friesenhof-stpeterording.de. Apartments und Zimmer in einer geschmackvoll gestalteten Anlage.

Restaurants
Dat Schipp, im Hotel Seeburg, Blanker-Hans-Weg 6, Tel. 9 60 00. Fische und Krustentiere werden in maritimem Ambiente serviert.

Wanlik-Hüs, Dorfstr. 27, Tel. 30 30. Beliebtes Fischrestaurant in einem hübschen alten Friesenhaus.

Windspiel – an Bord ihrer flotten Strandsegler fliegen die Küstenkapitäne bei St. Peter-Ording über die Sandpisten am Meeresufer

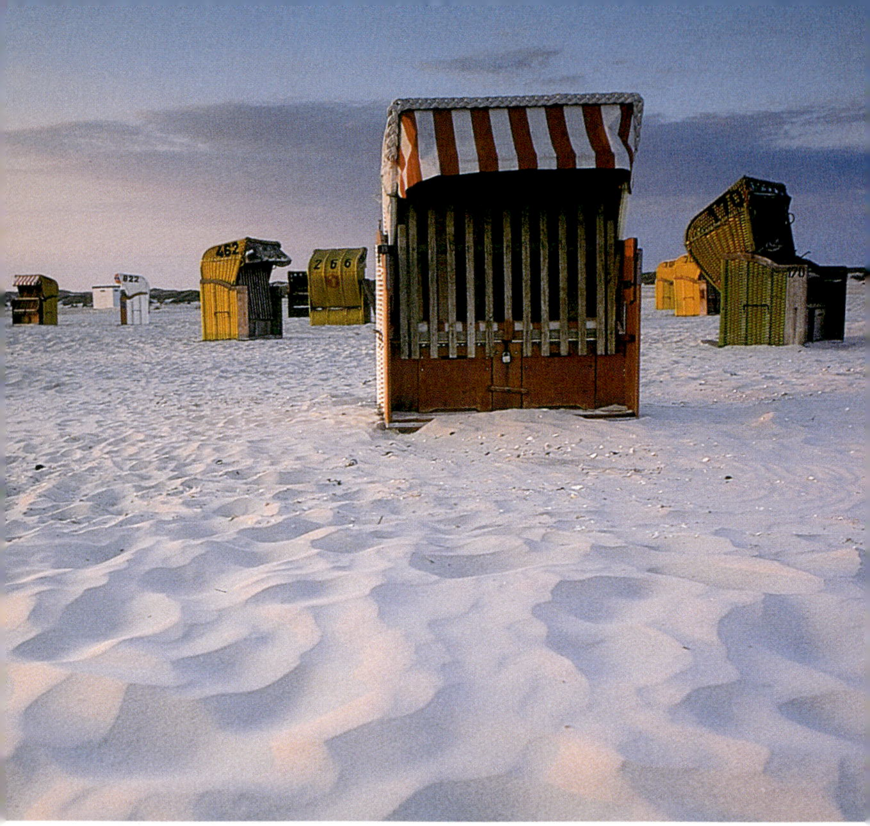
452
266

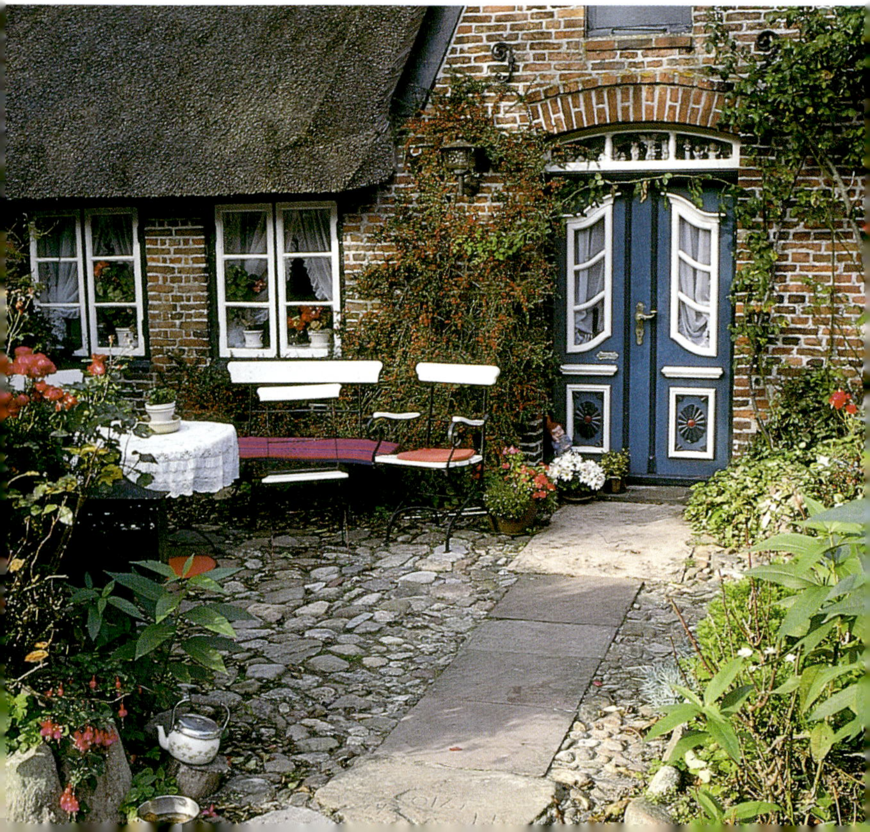

Nordfriesland und seine Inseln – Dünen, Watt und Badefreuden

»De nich will dieken, mutt wieken.« – »Wer nicht deichen will, muss weichen.« Dieser Rechtssatz über die Verpflichtung der Landeigner zum Hochwasserschutz bestimmte das Leben der Nordfriesen, die vor mehr als 1000 Jahren die Region nördlich von **Husum** bis **Niebüll** sowie die der Küste vorgelagerten Inseln und Halligen besiedelt haben. Hohe Deiche und von zahllosen kleinen Kanälen durchzogene Marschen prägen noch heute das Landschaftsbild. Auch Deichgrafen gibt es noch. Sie haben allerdings nichts mehr mit Theodor Storms ›Schimmelreiter‹ aus seiner gleichnamigen Novelle gemein, sondern sind mit Auto oder Fahrrad unterwegs und kontrollieren den Flutschutz. Besonders deutlich hat die Gewalt des Meeres auf den Inseln **Nordstrand**, **Pellworm**, **Föhr**, **Amrum** und **Sylt** ihre Spuren hinterlassen. Meterhohe Sanddünen haben sich über die Jahrhunderte an den langen Stränden aufgetürmt und bieten heute den sonnenhungrigen Urlaubern Schutz vor der steifen Brise der See. Die **Halligen** und **Sände** im Wattenmeer werden durch Priele, die auch bei Ebbe tiefe Wasserrinnen bilden, vom Festland getrennt. Die Siedlungen sind nicht durch Deiche geschützt, sondern wurden auf Warften, aufgeschütteten Erdhügeln, errichtet. Bei Sturmflut heißt es hier deshalb immer noch ›Land unter!‹. Ein sehr beliebtes Ausflugs- und Urlaubsziel auf hoher See schließlich sind die unverkennbaren roten Felsen von **Helgoland** mit ihrer bewegten Geschichte als heiß umkämpfter Piraten- und Marinestützpunkt.

13 Husum

Das muntere Hafenstädtchen ist die Heimat des Dichters Theodor Storm.

Als bei der großen Sturmflut, der ›Mandränke‹, von 1362 die Insel Alt-Nordstrand weitgehend versank und das Meer bis ins Marschland vordrang, entstand nördlich der Halbinsel Eiderstedt ein neuer **Hafen**. Die beiden Dörfer Oster- und Westerhusum wuchsen daraufhin rasch zusammen und entwickelten sich zum Hauptort der Region.

Zwei Jahrhunderte später errichteten die Herzöge von Gottorf am nördlichen Rand des Stadtzentrums das **Schloss**. Es wurde von 1576–82 im Stil der niederländischen Renaissance aus rotem Backstein erbaut und mit Giebeln und Treppentürmen reich verziert. 1752 wurde es zum Amtshaus umgestaltet und barockisiert. Heute dient es der Stadt (20 000 Einw.) als *Kulturzentrum*. Lediglich das **Torhaus** mit prunkvoll gestalteten Gesimsen, Giebeln und Portal lässt die frühere Pracht der gesamten Anlage erahnen, die von einem großzügigen Park umgeben ist. Hier erblüht im Frühjahr ein Meer von 4 Mio. violetten *Krokussen*. Noch weiter nördlich, an der Neustadt, bietet sich vom alten **Wasserturm** ein reizvoller Panoramablick auf die Stadt und das Umland.

Wer durch Husum geht, kommt an *Theodor Storm*, seinem berühmtesten Sohn, nicht vorbei. Im Schlosspark grüßt das *Theodor-Storm-Denkmal*, am Markt 9 ist sein *Geburtshaus* ausgewiesen und natürlich gibt es eine nach dem Dichter benannte Straße. Im aufwendig restaurierten, im Biedermeierstil möblierten

◁ **Oben:** *Licht-Sand-Symphonie mit Strandkorb – an der Westküste von Amrum lädt der 12 km lange, wunderschöne Strand Kniepsand auch zu romantischen Abendspaziergängen ein*

Unten: *Beim Anblick der malerischen Friesenhäuser von Keitum gerät das mondäne Ferienalltagsleben der Insel Sylt vorübergehend völlig in Vergessenheit*

Tine, die Fischersfrau aus der Feder Theodor Storms, hat als Brunnenfigur vor der abwechslungsreichen Häuserkulisse des Husumer Marktplatzes Gestalt angenommen

Theodor-Storm-Haus (Wasserreihe 31, Di–Fr 10–12 und 14–17, Mo, Sa/So 14–17 Uhr; im Winter Di, Do, Sa 14–17 Uhr), mit Garten, Waschhaus, Wohnräumen und Poetenstübchen, entstanden zwischen 1866 und 1880 zahlreiche Gedichte und Novellen.

Gegenüber präsentiert das **Spielzeug- und Tabakmuseum** (Wasserreihe 52, tgl. 10–17, im Winter Mo–Sa 10–12.30 Uhr) eine ungewöhnliche Sammlungskombination. Es zeigt Raritäten und Kurioses rund um das Rauchen sowie Spielsachen und Gebrauchsgegenstände für Kinder aus mehreren Jahrhunderten. Um den lebhaften **Marktplatz** und entlang der anschließenden *Großstraße* findet man einige repräsentative Bürgerhäuser aus dem 16. und 17. Jh. Das mehrfach umgebaute **Alte Rathaus** von 1601 wurde 1971 in seiner ursprünglichen Form rekonstruiert, wobei der barocke Dachreiter von 1702 erhalten blieb. Die klassizistische **Marktkirche** von 1833 ersetzt die 1807 abgerissene, spätgotische Marienkirche, von der noch die prächtige *Bronzetaufe* erhalten ist.

Den **Asmussen-Woldsen-Brunnen** auf dem Marktplatz ziert die kräftige Bronzefigur der friesischen Fischersfrau *Tine*, ein 1902 entstandenes Werk des Husumer Bildhauers *Adolf Brütt* nach einer Novellen-Figur Theodor Storms.

Am munteren **Binnenhafen** legen Ausflugsschiffe an. Die Markierungen am *Sturmflutpfahl* zeigen, wie bedrohlich hoch das Wasser in Husum in der Vergangenheit stand. Das **Schiffahrtsmuseum Nordfriesland** (Am Zingel 15, im Sommer tgl. 10–16 Uhr) am Hafenende blättert die Geschichte Husums, seiner Werften, Walfänger und Seefahrerfamilien auf. Unbedingt einen Besuch wert ist das nahe **Nordfriesische Museum Nissen-**

Die Farbe Lila – den Schlosspark von Husum verwandelt jedes Frühjahr ein wahrer Teppich blühender Krokusse in ein fantastisches Farbenmeer

haus (Herzog-Adolf-Str. 25a, tgl. 10–17 Uhr, im Winter Sa/Mo geschl.). Es wurde von dem gebürtigen Husumer *Ludwig Nissen* gestiftet, der in die USA auswanderte und 1924 als vermögender Juwelier in New York starb. Modelle, Schautafeln, Bilder und Münzen vermitteln einen interessanten Eindruck von Leben und Kultur an der Nordseeküste, vom immerwährenden Kampf mit dem Meer und den Techniken der Landgewinnung und des Deichbaus.

Praktische Hinweise

Tel.-Vorwahl Husum: 0 48 41

Information: Touristinformation Husum, Großstr. 27, Tel. 8 98 70, Fax 89 87 90

Hotels

TOP TIPP *****Altes Gymnasium**, Süderstr. 2–10, Tel. 83 30, Fax 8 33 12, Internet: www.altes-gymnasium. de. Traumhaftes Stadthotel mit behaglichen Zimmern in dem früheren preußischen Gymnasium. Dazu gehören eine Badelandschaft und das hervorragende Restaurant *Eucken*, das mit köstlicher norddeutscher Küche aufwartet.

*** **Lundenbergsand**, Lundenbergweg 3, Simonsberg, Tel. 8 39 30, Fax 83 93 50. Idylle im Reetdachhaus hinterm Deich, südlich von Husum.

Restaurants

Dragseths Gasthof, Zingel 11, Tel. 6 39 00. Das urgemütliche Gasthaus ser-

Der Richter und sein Schimmelreiter

»Am grauen Strand, am grauen Meer, und seitab liegt die Stadt; Der Nebel drückt die Dächer schwer, und durch die Stille braust das Meer eintönig um die Stadt.« – Wenn im Frühjahr Hunderttausende Krokusse, Schneeglöckchen und Märzenbecher den Schlosspark, Wiesen und Vorgärten von **Husum** in ein farbiges Blütenmeer verwandeln, ist die Stimmung melancholischer Herbsttage, die der berühmteste Sohn der Stadt, **Theodor Storm** (1817–1888), so eindringlich beschreibt, nicht zu spüren. Er war ein meisterhafter Beobachter von Landschaft, Natur und Menschen seiner friesischen Heimat. Nach dem **Jurastudium** in Kiel und Berlin ließ er sich 1843 als Rechtsanwalt in Husum nieder. Storm sympathisierte offen mit den Unabhängigkeitsbestrebungen deutschstämmiger Schleswig-Holsteiner und musste 1852 – nach deren militärischer Niederlage 1850 gegen die dänische Herrschaft – ins **Exil**, zunächst nach Potsdam und dann nach Heiligenstadt, wo er am Kreisgericht Recht sprach. Erst 1864, nach dem Sieg der Österreichischen und Preußischen Armeen gegen Dänemark, kehrte er zurück ins nun preußische Husum, wo er schließlich als **Amtsgerichtsrat** Rechtsstreitigkeiten schlichtete. Bekannter als seine Richtersprüche sind die **Gedichte**

Porträt eines 70-jährigen Dichters – Theodor Storm verhalf Deichgrafen, Gespenstern und Sturmfluten zu Weltruhm

und **Prosastücke**. ›Immensee‹ (1850), ›Späte Rosen‹ (1860), ›Pole Poppenspäler‹ (1874) oder ›Aquis submersus‹ (1876) machten ihn in Schleswig-Holstein und mit berühmten Zeitgenossen wie Theodor Mommsen, Eduard Mörike, Eichendorff, Turgenjew oder Gottfried Keller bekannt. Die dramatische **Novelle** vom Deichgrafen Hauke Haien, der gefangen zwischen Fortschrittsglauben und Gespensterfurcht, zwischen träger Borniertheit seiner Umwelt und übersteigerter Selbstbezogenheit zugrunde geht und der bei drohender Sturmflut als gespenstischer, nächtlicher ›Schimmelreiter‹ (1888) im Aberglauben des Volkes weiterlebt, bleibt Storms berühmtestes Werk.

viert seit anno 1584 seinen Gästen friesische Traditionsküche (Mo geschl.).

Zum Krug, Alte Landstraße 2 a, Hockensbüll, Tel. 6 15 80. Im 300 Jahre alten Friesenhaus werden regionale Spezialitäten kredenzt.

14 Niebüll

Ferien ohne Hektik verspricht der Ort, wo der Himmel bis auf die Erde reicht.

Viele Urlauber kennen Niebüll nur als Bahnstation für die Autoverladung über den Hindenburgdamm nach Sylt, doch hat der Ort weit mehr zu bieten. Die Geschichte des Städtchens, das auf einem Geestrücken inmitten eingedeichter Marschen liegt, reicht bis ins 13. Jh. zurück. Die **Christus-Kirche**, ein Backsteinsaalbau mit hölzernem Turm, wurde 1729 errichtet. Die Granittaufe und die gotische Triumphkreuzgruppe stammen aus einem Vorgängerbau. Die **Kirche** im Ortsteil *Deezbüll* stammt aus dem 13. Jh., der spätgotische Schnitzaltar ist ein Werk des 15. Jh. Erweitert und mit einer Barockkanzel ausgestattet wurde das Gotteshaus Mitte des 18. Jh.

Die Lebensweise nordfriesischer Bauern dokumentiert das **Friesische Heimatmuseum** (Osterweg 76, Mai–Sept. tgl. 10–16 Uhr), das in einem mit Möbeln und Gerät komplett eingerichteten Backsteinhof (um 1700) untergebracht ist. Der Flora und Fauna der Region widmet sich das **Naturkundemuseum** (Hauptstr. 108, April–Okt. Di–So 14–17.30 Uhr). Im **Richard-Haizmann-Museum** (Altes Rathaus, Rathausplatz, Di–Fr 11–16.30, Sa 10–12, So 14–17 Uhr) trifft man auf beeindruckende Werke Haizmanns, der sich 1934 nach Niebüll zurückzog, nachdem seine modernen Tierplastiken und Gemälde von den Nationalsozialisten als ›entartet‹ gebrandmarkt worden waren.

Wer den Rickelsbüller Koog nördlich des Hindenburgdammes nach Sylt oder das *Seevogelschutzgebiet* beim Hauke-Haien-Koog südlich von Dagebüll erkunden möchte, sollte sein Fernglas mitnehmen, um die Vogelwelt mit ihren etwa 160 Arten gut beobachten zu können. **Dagebüll** selbst ist nicht nur Fährhafen nach Föhr und Amrum, an seinem grünen Strand sonnen sich auch zahlreiche Urlauber in den typischen Strandkörben. Mittelpunkt der erst im 18. Jh. eingedeichten früheren Hallig ist die Kirche *St.*

Dionys, ein Backsteinsaalbau mit reicher Barockausstattung.

TOP TIPP Rund 10 km nördlich von Niebüll ist das **Nolde-Museum** (März–Okt. tgl. 10–18, Nov. bis 17 Uhr) in **Seebüll** allein schon eine Reise wert. In dem roten Backsteingebäude im Bauhaus-Stil, in dem der bedeutende expressionistische Maler *Emil Nolde* (1867–1956) ab 1937 lebte und arbeitete, sind 200 seiner Werke ausgestellt. Dazu gehören großflächige, farbintensive Stillleben und Landschaftsbilder ebenso wie die miniaturhaften ›Ungemalten Bilder‹, die während des Malverbots der Nazizeit im Verborgenen entstanden.

Praktische Hinweise

Tel.-Vorwahl Niebüll: 0 46 61

Information: Touristinformation Niebüll, Rathausplatz, Tel. 94 10 15, Fax 85 95

Schiff

Wyker Dampfschiffs-Reederei, Hafendeich 20, Wyk auf Föhr, Tel. 0 46 81/ 8 00. Fähren von Dagebüll nach Föhr, Amrum, Hooge, Langeneß, Helgoland.

Hotels

*** **Niebüller Hof**, Hauptstr. 15, Niebüll, Tel. 60 80 01, Fax 12 67, Internet: www.niebueller-hof.de. Gepflegte Atmosphäre und gut ausgestattete Zimmer.

*** **Landhotel Tetens**, Hauptstr. 24, Süderlügum (15 km nordöstlich von Niebüll), Tel. 0 46 63/1 85 80, Fax 18 58 88, Internet: www.landhotel-tetens. de. Historischer reetgedeckter Krug mit Ferienwohnungen.

Restaurant

TOP TIPP **Andresens Gasthof**, Dörpstraat 63, Bargum (15 km südöstlich von Niebüll), Tel. 0 46 72/10 98, Fax 10 99. Friesisches Landgasthaus mit ländlicher Spitzenküche und gemütlichen Zimmern (Mo/Di geschl.).

15 Nordstrand und Pellworm

›Trutz, Blanke Hans‹ – Sturmfluten und Landgewinnung in Uthlande.

Vom Kampf mit den Fluten kann hier jeder etwas erzählen. Als Uthlande (›Außenlande‹) bezeichnen die Nord-

Miniatur von monumentaler Wirkung – während der Nazizeit schuf Emil Nolde trotz Malverbots Aquarelle wie ›Meer im Abendlicht‹, Naturstudien und zugleich Sinnbilder der Schicksalhaftigkeit menschlichen Daseins (Nolde-Museum, Seebüll)

Noldes Farbenmeer in der Marsch

Die kräftigen Farben der Sommerblumen im Garten seines Hauses in **Seebüll***, dramatische Szenarien von Wolken und Licht, die im Zusammenspiel am weiten Himmel über der Marsch den Sturm ankündigen, geben einen Vorgeschmack auf die Bilder* **Emil Noldes** *(1867–1956), die im Museum des Künstlers nahe der dänischen Grenze besichtigt werden können.*

Nach seiner Heirat mit der dänischen Schauspielerin Ada Vilstrup nimmt der als Emil Hansen nahe Tondern geborene Maler den Namen seines **Heimatdorfes** *Nolde als Familiennamen an und zieht 1927, wenige Jahre nachdem Nordschleswig dänisch geworden war, ins weiter südlich gelegene Seebüll. Nolde war zunächst Mitglied der Berliner ›Sezession‹ und der Künstlergruppe ›Die Brücke‹. Während dieser Zeit entstanden fantastisch-mystische Gemälde, eindrucksvolle Holzschnitte und Grafiken. Vom*

Impressionismus wandte sich der Künstler jedoch bald ab und gelangte zur Ausformung einer eigenen, gefühlsbetonten Variante des **Expressionismus***. Nach dem Machtantritt der Nationalsozialisten geriet Nolde in einen immer mehr anwachsenden Gegensatz zum herrschenden Regime, seine Bilder wurden als* **entartete Kunst** *diffamiert und mehr als tausend von ihnen beschlagnahmt, er selbst wurde 1941 mit dem* **Malverbot** *belegt. In dieser Zeit entstanden dennoch 1300 kleinformatige Aquarelle, die ›***Ungemalten Bilder***‹, von denen er in den Jahren von 1945 bis zu seinem Tod viele in großformatige, farbenkräftige Gemälde überträgt. Die Aquarellminiaturen, magisch-religiösen Figurenkompositionen sowie die Landschafts- und Blumenbilder mit ihrer leuchtenden, dramatischen Farbensprache gehören zum Vermächtnis eines der bedeutendsten Maler des deutschen Expressionismus.*

friesen ihre vom Meer immer wieder bedrohten Inseln und Halligen. Die verheerende Sturmflut von 1362 ließ die reiche Handelsmetropole *Rungholt* nahe der heutigen Hallig Südfall in der Nordsee

versinken, die schlimme ›Mandränke‹ von 1634 zerriss die große Watteninsel *Alt-Nordstrand* und ließ die zerstörten Eilande Pellworm und Nordstrand mit einigen Halligen zurück. 8 m hohe Deiche,

Überlebende der Sturmflut – die Alte Kirche und ihre mächtige Turmruine künden auf der Insel Pellworm von den Gefahren des Meeres

Dämme und Köge schützen die Menschen heute und haben wieder einiges Land zurückerobert.

Vom 7 km nördlich von Husum gelegenen Wobbenbüll aus erreicht man **Nordstrand** über einen 4 km langen Straßendamm. Der eingedeichte *Beltringharder Koog* nördlich des Dammes ist Brut- und Rastplatz Tausender Vögel. Die unbewohnte *Hallig Südfall*, ein bedeutendes Seevogelschutzgebiet westlich von Nordstrand, kann man auf geführten Wanderungen oder Kutschfahrten durch das bei Ebbe trockengefallene Watt besuchen. In **Süden** erinnert die kleine altkatholische Kirche *St. There-*

Tour de Pellworm – Fahrradfahrer legen am Deich mit Blick über die grüne Marsch eine Rast ein

sien von 1662 daran, dass die Gottorfer Herzöge nach der großen Sturmflut von 1634 holländische Deichbauer nach Nordstrand und Pellworm holten und ihnen Religionsfreiheit garantierten. Die *Nordstrander Töpferei* (Süden 44) stellt traditionelle friesische Keramik her.

Im Hafen *Strucklahnungshörn* startet die Autofähre zur weiter westlich gelegenen Nachbarinsel **Pellworm**, die etwa 50 cm unter der mittleren Meereshöhe liegt. Ohne Deiche wäre das fruchtbare Marschland also überflutet. An der Westseite der Insel ragt die Turmruine der **Alten Kirche**, St. Salvator geweiht, als Mahnmal für das zerstörerische Wirken der Sturmflut in den Himmel. Zu ihren Füßen liegt der kleine Friedhof *Heimat der Namenlosen*, in dem ertrunkene Seeleute, die das Meer wieder freigegeben hat, bestattet sind. Als kostbarster Schatz des weiß getünchten Saalbaus, dessen Ursprünge bis ins 11. Jh. zurückreichen, gilt die von dem berühmten Orgelbauer *Arp Schnitger* errichtete **Orgel** (1711). Zu den im Sommer veranstalteten *Pellwormer Orgelkonzerten* kommen regelmäßig Besucher von weither.

Die **Landwirtschaft** hat auf der 3600 ha großen Insel mit 60 Bauernhöfen neben dem Fremdenverkehr immer noch große wirtschaftliche Bedeutung. Jeder siebte Landwirt ist inzwischen der Gemeinschaft *Ökologisch Wirtschaften* angeschlossen, die auch die Vermarktung der Erzeugnisse betreibt. Ein kombiniertes *Wind- und Solarkraftwerk* (Besichtigung Tel. 0 48 44/2 71) nahe dem Pellwormer Hafen versorgt die Marschinsel mit umweltfreundlicher Energie.

Wer in Pellworm oder Nordstrand **Urlaub** macht, sucht nicht nach Hektik und Nervenkitzel. Hier ist immer Zeit für einen ›Klönschnack‹ am Deich oder im Gasthof. Fahrradfahren, Baden bei Flut oder geführte Wattwanderungen bei Ebbe zur Hallig Hooge oder Hallig Süderoog gehören zu den beliebtesten Vergnügungen. Beim **Hafenfest** im Sommer geht es jedoch lebhaft zu. Da wird auch zu den alten friesischen Volkstänzen aufgespielt, zum Sprötzer Achtertörn und zur Geestländer Quadrille.

Praktische Hinweise

Tel.-Vorwahl Nordstrand: 0 48 42, Pellworm: 0 48 44

Information: Kurverwaltung Nordstrand, Schulweg 4, Tel. 4 54, Fax 81 02.

Immer eine Nasenlänge voraus – die ›langnasige‹ Hallig Langeneß ist die größte unter den Inseln im Wattenmeer

Kurverwaltung Pellworm, Uthlande-str. 2, Tel. 1 89 40, Fax 1 89 44

Schiff
Insel- und Halligreederei Paulsen, Nordstrand, Tel. 2 68, Fax 2 64. Fähren zu den Halligen, nach Sylt und Amrum.
Neue Pellwormer Dampfschifffahrts GmbH, Pellworm, Tel. 75 37 55, Fax 3 54, Pendelverkehr zwischen Pell-worm und Nordstrand Tammensiel.

Restaurants
Haus Uthlande, Am Kurhaus 12, Nord-strand, Tel. 5 20. Köstliche Lamm-und Fischspezialitäten.
Nordermühle, Pellworm, Tel. 6 56. In einer umgebauten Windmühle am Nor-dermitteldeich werden schmackhafte regionale Gerichte serviert.

Cafés
Nordstrander Teestuv, Süden 42, Nordstrand, Tel. 82 18. Tee, Kaffee und warme Speisen im Gastraum der benachbarten Töpferei.
Strandcafé, Tammwart 10, Pellworm, Tel. 3 22. Hausgemachte Kuchen und Pharisäer direkt am Strand Schütting.

16 Halligen und Sände

Schwimmende Träume – einsame Inseln im weiten Wattenmeer.

Wie Wellenbrecher liegen Langeneß (lange Nase), Hooge, Gröde, Nordstran-dischmoor, Oland, Norderoog, Habel, Süderoog und Südfall im Wattenmeer vor der nordfriesischen Küste. Sie sind zu-sammen nur 2281 ha groß und zählen kaum 300 Einwohner. Fährschiffe ver-binden die Halligen mit den Häfen Dage-büll und Schüttsiel. Nur die kleine, nahe an der Küste gelegene *Hamburger Hallig* ist durch eine Mautstraße mit dem Fest-land verbunden. Dennoch – Autos sind unerwünscht! Der 1926 erbaute Loren-damm, ein Schienenweg, der lediglich dem Gütertransport dient, führt von Da-gebüll nach Oland und Langeneß.

Die einzige Siedlung auf **Oland** zählt 15 Häuser und ein reetgedecktes Kirch-lein, *St. Petri*, das 1824 das Gotteshaus einer untergegangenen Warft ersetzte. Das schmale **Langeneß** ragt 8 km weit ins Meer und ist mit seinen 18 Warften die größte der Nordseehalligen. Vom beschaulichen Leben seiner Bewohner zeugt die schöne Friesenstube mit altem Hausrat auf der *Honkenswarft*.

Im Sommer legen Schiffe mit zahlrei-chen Ausflüglern in **Hooge**, der Königin der Halligen, an. Zum Besichtigungspro-gramm gehört der Besuch der Hanswarft mit ihrer Prachtstube, dem *Königspesel*, wo 1825 der Dänenkönig Friedrich VI. bei einem Sturm Unterschlupf suchte. Ein viertelstündiger Film zeigt, wie es auf der Hallig bei Sturmflut zugeht. Im Informationszentrum der *Schutzstation Wattenmeer* sind Aquarien und ein Lebendwattmodell zu sehen.

Mit 17 Einwohnern (2002) ist die Hallig **Gröde** die kleinste selbstständige Gemeinde Deutschlands, doch selbst hier gibt es einige Ferienwohnungen. Im Sommer blüht die blau-violette *Bondestave* (Halligflieder), eine seltene und daher geschützte Pflanze. Bei Weststürmen heißt es vor allem im Herbst häufiger ›Land unter!‹ – dann ragen nur noch die sturmumpeitschten Warften mit ihren Häusern einsam aus dem Meer.

Zu den unbewohnten *Vogelschutzinseln* wie **Norderoog** und **Süderoog** gehört auch das vor Friedrichskoog in Dithmarschen liegende Eiland **Trischen**, bereits seit 1910 als *Seevogelfreistatt* geschützt. Sandbänke, wie der **Japsand**, **Norderoogsand** oder **Süderoogsand** gehören zu den beliebten Tummelplätzen von *Seehunden*, deren Bestand an der schleswig-holsteinischen Nordseeküste wieder auf mehr als 5000 Tiere angewachsen ist.

Praktische Hinweise

Information: Fremdenverkehrsbüro Halligen Langeneß und Oland, Ketelswarft, Langeneß, Tel. 0 46 84/2 17,

Fax 2 89. – Fremdenverkehrsbüro Hallig Hooge, Hanswarft, Tel. 0 48 49/91 00, Fax 201

Hotels

*** **Frerks Buernhus**, Hooge, Tel. 0 48 49/2 54, Fax 275, Internet: www.hallig-hotel.de. Komfortable Zimmer in einem ehem. Bauernhof am Deich mit Blick aufs Wattenmeer. Ausflüge zum Krabben- und Muschelsammeln inkl. abendlicher Zubereitung des Fangs.

** **Hilligenley**, Langeneß, Tel. 0 46 84/ 2 23, Fax 95 20 30. Einziges Hotel und Restaurant auf der Hallig, direkt am Meer gelegen.

17 Föhr

›Hartelk welkimen!‹ – Natururlaub auf der grünen Frieseninsel.

Schon 1819 gründeten Föhrer Bürger das Seebad **Wyk** am höher gelegenen Geestrücken im Süden der fast kreisrunden Insel – dort, wo sich ein 15 km langer *Sandstrand* erstreckt. Doch erst 1842, nachdem der dänische König Christian VIII. Föhr als Sommerfrische entdeckt hatte, begann seine Blütezeit als Heilbad der Vermögenden. Auch heute ist Wyk das touristische Zentrum von Föhr, mit Promenade und Strandkörben, Fährhafen, Fußgängerzone, Boutiquen und dem Erlebnisbad *AquaWyk-Föhr*.

Leben wie der König auf Hooge – trotz des draußen wütenden Sturms dürfte sich Friedrich VI. von Dänemark im gut ausgestatteten Königspesel der Hallig recht wohl gefühlt haben

Oben: Insel der glücklichen Kühe – als grüne Idylle nährt Föhr nicht nur seine Viehherden, sondern zieht immer mehr Naturfreunde und Golfer an

Unten: Zum gemütlichen Föhrer Seebad Wyk gehören natürlich auch einladende Fischrestaurants wie die Friesenstube

Die romanische Kirche **St. Nikolai** im Ortsteil *Boldixum* mit ihrem prächtigen Renaissancealtar wurde bereits im 13. Jh. errichtet. Wer sich für die Geschichte der Insel und das Brauchtum ihrer Bewohner interessiert, sollte das **Dr.-Carl-Haeberlin-Friesenmuseum** (Rebbelstieg 34, Di–So 10–17, Nov.–Febr. 14–17 Uhr) in Wyk besuchen. Man betritt das Areal durch ein von zwei riesigen Walknochen gebildetes Tor. Auch eine *Bockwindmühle* von der Hallig Langeneß und der *Olesen-Hof* von 1617 aus dem Dorf Alkersum sind auf dem Museumsgelände wieder aufgebaut.

Geschichte erzählen auch die **Friedhöfe** von St. Nikolai in Wyk, St. Johannis in Nieblum und St. Laurentius bei Süderende. Die Inschriften und Bildmotive der Grabsteine dokumentieren u. a. das Leben von Kapitänen und Harpunierern auf den Walfangschiffen des 17. und 18. Jh. und ihrer Frauen, die zuverlässig Haus und Hof besorgten.

Mit dem Fahrrad oder per Inselbus kann man mehrere in den Marschen gelegene **Vogelkojen** besichtigen, heute grün bewachsene Oasen mit Teichen und Bäumen. Früher wurden hier mit reusenähnlichen Fallen Wildenten und Zugvögel gefangen. Ein 10 m hoher Ringwall mit einem Durchmesser von 100 m nahe dem Dorf *Borgsum*, die **Lembecks-**

Burg, wurde von den Inselbewohnern vermutlich vor etwa 1000 Jahren zum Schutz gegen Wikingerüberfälle angelegt. Sie diente später dem räuberischen Lehensritter *Klaas Lembeck* und seinen Spießgesellen als Stützpunkt. 1374 konnten sie endlich von der Insel vertrieben werden.

Nur 6 km westlich von Wyk liegt **Nieblum**, ein geschmackvoll restauriertes Friesendorf mit kopfsteingepflasterten Ulmen- und Lindenalleen. Sehenswert ist der sog. *Friesendom*, die stattliche romanische Kirche **St. Johannis**, die im 12. Jh. aus Backstein erbaut wurde und einen geschnitzten Flügelaltar aus dem 15. Jh. birgt. In der Nachbarschaft deutet einer der gepflegtesten **Golfplätze** Deutschlands diskret darauf hin, dass sich in den letzten Jahren manches Mitglied des Geldadels in die reetgedeckten Friesenhäuser eingekauft hat.

Von **Dunsum** an der Westküste starten bei Ebbe *Wattwanderungen* nach Amrum, die nur in Begleitung erfahrener Wattführer zu empfehlen sind, weil sie die sicheren Pfade kennen und die gefährlichen Priele meiden.

In romanischer Schlichtheit und Strenge präsentiert sich der Friesendom St. Johannis von Nieblum auf Föhr

Praktische Hinweise

Tel.-Vorwahl Föhr: 0 46 81

Information: Touristikinformation Wyk auf Föhr, Hafenstr. 23, Tel. 3 01 04, Fax 30 68

Schiff

Wyker Dampfschiffs-Reederei, Hafendeich 20, Wyk auf Föhr, Tel. 8 00, Fax 8 01 16. Überfahrt nach Dagebüll.

Hotels

**** **Landhaus Altes Pastorat**, Süderende, Tel. 0 46 83/2 26, Fax 2 50, Internet: www.inselfoehr.de/altespastorat. Exklusives Hotel mit urig-elegantem Restaurant in einem ehem. reetgedeckten Pastorat von 1732.

**** **Landhotel Witt**, Alkersumstieg 4–6, Nieblum, Tel. 5 87 70, Fax 58 77 58, Internet: www.hotel-witt.de. Kleines, gepflegtes Familienhotel mit gemütlichem Restaurant.

Restaurant

Alt-Wyk, Große Str. 4, Wyk, Tel. 32 12. In dem 200 Jahre alten hübschen Backsteinhaus wird z. B. traditionell zubereiteter Lammrücken serviert (Di geschl.).

Café

Stellys Hüüs, Oldsum, Tel. 0 46 83/3 06. Das ehem. Kapitänshaus mit Kuriositätenmuseum bietet Kaffee und Kuchen.

18 Amrum

Traumhafter Strand, Dünen und Heide auf einer gemütlichen Ferieninsel.

Bei gutem Wetter überblickt man vom weiß-rot gestreiften, 63 m hohen **Leuchtturm** zwischen Wittdün und Nebel die ganze Insel und kann sogar bis nach Föhr und zu den Halligen sehen. Der **TOP TIPP Kniepsand**, ein an der Nordsee nahezu einmaliger, 12 km langer und bis zu 1500 m breiter Sandstrand, säumt die Westküste. Nach Osten wird er begrenzt von einer Dünenlandschaft, die sich bis zu 30 m hoch auftürmt. Ein Streifen Wald und Heide trennt die wüstenähnliche Szenerie von den Feldern und Marschen. Die **Amrum Odde** am Nordzipfel der Insel ist als Schutzgebiet für Seevögel ausgewiesen.

2100 Menschen leben in fünf Dörfern auf der 20 km² großen Insel, die das im

Auch als Fußmassage-Parcours empfehlenswert – eine der schönsten Wattwanderungen führt von Föhr nach Amrum

Bei Ebbe kann man w(W)att erleben

Es ist schon ein eigentümliches Naturschutzgebiet. Bei Flut breitet sich die Nordsee über den größten Teil seiner Grundfläche aus. Zweimal innerhalb von 24 Stunden jedoch fallen zwei Drittel des Wattenmeeres trocken, wenn die Ebbe das Wasser bis zu **20 km** *von der Küste zurückweichen lässt. Die* **Gezeiten***, der sechsstündige Rhythmus von Ebbe und Flut, sind der Pulsschlag eines weltweit einzigartigen Lebensraumes, der sich zwischen Esbjerg an der dänischen und Den Helder an der niederländischen Nordseeküste erstreckt.*

Seit 1985 werden 285 000 ha dieser Landschaft als **Nationalpark Schleswig-Holsteinisches Wattenmeer** *geschützt. Dazu gehören Brutgebiete von See- und Zugvögeln, wie die Vogelinseln Trischen, Norderoog oder Süderoog, Sandbänke und Sände, auf denen man häufig Seehunde entdecken kann, geschützte Buchten, in denen die knapp 2 m großen Schweinswale mit ihrem Nachwuchs gesichtet werden, Salzwiesen im Uferbereich des Festlandes, bewachsen mit Queller und*

TOP TIPP

Englischem Schlickgras sowie das eigentliche **Watt***, den bei Niedrigwasser freigelegten und begehbaren Teil des Meeresbodens.*

Hier leben allein auf 1 cm^2 bis zu 1 Mio. kleinster Algen, winzige Wattschnecken vertragen sich mit Wattwürmern, die im Jahr bis zu 1000 t Sand pro Hektar ›umgraben‹. Große Kolonien von Miesmuscheln pumpen unermüdlich das Wasser des Wattenmeeres durch ihre Kiemen. Etwa **2000 Tierarten** *haben Biologen des Nationalparks bislang im Wattenmeer ausgemacht. Dazu gehören auch Heringe, Seezungen und Schollen, die neben anderen Fischarten in dieser ›***Kinderstube***‹ der Nordseefische ihre Jugendzeit verbringen. Im Spätsommer schwillt die Zahl der gefiederten Bewohner drastisch an, wenn bis zu 1,5 Mio. Zugvögel hier eine Rast einlegen und das Geschrei der Schwalben, Möwen und Enten, der Wildgänse, Lerchen und Regenpfeifer die Luft erfüllt (Information: Nationalparkamt, Schlossgarten 1, Tönning, Tel. 0 48 61/6 1 60).*

Osten benachbarte Föhr wie ein Wellenbrecher vor der Nordsee schützt. Die Grabsteine auf dem Friedhof der wuchtigen Kirche *St. Clemens* im alten Friesendorf **Nebel** erzählen Geschichten von Seefahrern und Walfängern. Das Heimat-museum in der *Erdholländer Mühle* am Ortsrand und das *Ual Öömrang Hüs*, das alte Amrumer Haus, vermitteln einen Eindruck von der Lebenskultur der friesischen Inselbewohner. In **Wittdün** im Süden, auch Fährhafen nach Dagebüll, wur-

den schon vor mehr als 100 Jahren Badegäste bewirtet. Kurze Zeit später gründete Pfarrer Bodelschwingh in **Norddorf** sein Seehospiz. *Öömrang Ferian* nennt sich der Naturbund der Insel, der in Norddorf ein Informationszentrum unterhält.

Von der Wattseite nördlich von Norddorf kann man bei Ebbe an einer dreistündigen, 8 km langen, geführten **Wanderung** zur Nachbarinsel Föhr teilnehmen.

Praktische Hinweise

Tel.-Vorwahl Amrum: 0 46 82

Information: Amrum Touristik, Wittdün, Tel. 9 40 30, Fax 94 03 20

Schiff s. S. 42

Camping

Campingplatz Amrum, 3 km nördlich von Wittdün, Tel. 22 54, Fax 43 48, Internet: www.amrum.camping.de. Schöner Platz in einem Dünental versteckt mit guter Ausstattung.

Hotels

**** **Hüttmann**, Ual Saarepswai 2, Norddorf, Tel. 92 20, Fax 92 21 13, Internet: www.hotel-huettmann.de. Traditionelle nordfriesische Gastlichkeit. Auch Apartments vorhanden.

**** **Seeblick**, Strunwai 13, Norddorf, Tel. 92 10, Fax 25 74, Internet: www. seeblick-amrum.de. Komfortables Haus mit Badelandschaft, Sauna und dem friesischen Restaurant Jever Deel.

*** **Steenodde**, Stianoodswai 17, Nebel-Steenodde, Tel. 9 42 40, Fax 94 24 24, Internet: www.hotel-steenodde.de. Gepflegte Zimmer und friesische Küche.

Restaurants

Blaue Maus, zwischen Wittdün und Nebel, Tel. 20 40. Bar mit 100 Whiskysorten und guter Musik.

Ual Öömrang Wiartshüs, Bräätlun 4, Norddorf, Tel. 8 38. Amrumer Krabbenpfanne, Miesmuscheln und andere Leckereien nahe am Wattenmeer.

19 Sylt

›Rüm Hart – klaar Kimming‹, Trauminsel mit weitem Herzen und klarem Horizont.

Seit der 11 km lange Hindenburgdamm 1927 fertiggestellt wurde, ist das knapp 100 km² große, in unmittelbarer Nähe zu Dänemark gelegene Sylt mit dem Zug, der auch Autos befördert, auf dem Landweg erreichbar. Seine etwa 650 000 Be-

sucher pro Jahr schätzen die urwüchsigen *Dünenlandschaften* und grünen Deiche am Watt, die blühende Heide, Felder und Weiden. Hinzu kommt ein breit gefächertes Angebot an *Unterkünften*, von der Jugendherberge bis zum Luxushotel, und unter den 300 *Restaurants* sind sowohl Stehimbiss als auch sternengeschmückter Gourmet-Tempel vertreten. Das *kulturelle* Angebot reicht vom Orgelkonzert in der Dorfkirche bis zur Tanznacht im Flugzeughangar.

Die reine, jodhaltige Seeluft, der deutlich spürbare Wind, erheblich mehr Sonnenstunden als auf dem Festland, gute Wasserqualität und der reizvolle, 40 km lange **Strandsaum** an der Westküste gehören zu den Attraktionen Sylts. Fast die Hälfte der Grundfläche steht inzwischen unter Naturschutz. Die landschaftliche Idylle erkundet man am besten auf den 200 km langen *Fahrradwegen* oder zu Fuß. Im **Wattenmeer**, das bei Ebbe zu ausgedehnten Spaziergängen einlädt, kann man *Eiderenten* und *Austernfischer* mit ihren orangefarbenen Schnäbeln beobachten, auf den Sandbänken tummeln sich *Seehunde* und *Kegelrobben*.

Für viele ist ein Aufenthalt auf Sylt auch ein **Sporturlaub**. Baden in der Nordsee ist angesagt, wobei man sich bei starker Brandung vor den *Treckern*, einer gefährlichen Unterströmung, vorsehen sollte. Außerdem gehören Reiten, Windsurfen, Segeln, Golfen und Tennis zu den beliebtesten Aktivitäten.

Oben: *Blick über den begrünten, bis zu 30 m hohen Dünensaum von Amrum auf den unendlich weit erscheinenden Badestrand von Kniepsand*

Unten: *Mehr als Meeresrauschen tönt aus dieser Muschel – Kurkonzerte werden an der Uferpromenade von Westerland auf Sylt veranstaltet*

Am Strand des beliebten und belebten Seebades Westerland gehört der Slalom zwischen den Strandkörben zu einer der weitverbreitetsten Sportarten

Westerland, der Hauptort von Sylt und Endstation der Bahnlinie an der Westküste, wurde im 15. Jh. nach einer Sturmflut neu erbaut. An frühere Zeiten erinnert noch die 1635 errichtete **Alte Kirche**, St. Niels, am östlichen Ortsrand mit ihrem spätgotischen Schnitzaltar, der die Krönung Mariens darstellt. Im benachbarten *Friedhof der Namenlosen* sind ertrunkene, vom Meer wieder freigegebene Seeleute bestattet.

Seit 1855 ist Westerland ein beliebtes, lebhaftes Nordseebad. Im Herzen liegt die **Friedrichsstraße**, ein Boulevard mit zahlreichen Geschäften parallel zum Strand. Anziehungspunkt am Meer ist die **Musikmuschel**, wo bei Kurkonzerten bekannte Melodien erklingen. Die Bausünden der 60er- und 70er-Jahre des 20. Jh. ragen als Betonklötze in den Himmel, daneben findet man aber auch noch reetgedeckte Friesenhäuser. Das Erlebnisbad **Sylter Welle**, mit dem dazugehörigen Syltness Center zur Reinigung von Körper und Seele, ist einem Schiffsbug nachempfunden. Im ehem. **Kurhaus**, einem Jugendstilbau von 1896, sind Spielbank und Rathaus unter einem Dach vereint.

Ein Saisonhöhepunkt ist der **Surf World Cup**, der Ende September ausgetragen wird. Die 100 weltbesten Surfer zeigen vor 150 000 Zuschauern nahe dem Brandenburger Strand ihr Können. Die dazugehörigen nächtlichen Surfer-Parties im **Flugzeughangar 401** des Westerländer Flughafens sind bereits Legende. Im Juli und August präsentiert jedes Jahr das **Meerkabarett** in einem Zelt am alten Airport-Tower mit großem Erfolg ein Musik- und Unterhaltungsprogramm.

Nur wenig weiter südlich, schon in *Tinnum*, gibt ein 5 m hoher Ringwall mit einem Durchmesser von 120 m noch immer Rätsel auf. Es ist nicht klar, ob die **Tinnumburg** sächsische Wallanlage, Stützpunkt der Wikinger oder Fluchtburg vor den Attacken der Nordmänner war.

TOP TIPP An der Ostküste liegt die alte Seefahrergemeinde **Keitum**, früher Hauptort von Sylt. Da Gemeindevertreter das Zentrum mit seinen überwiegend vor 200 Jahren erbauten *Friesenhäusern* frühzeitig unter Denkmalschutz gestellt haben, sucht das Ortsbild von Keitum heute seinesgleichen. Das **Altfriesische Haus** (Am Kliff 13, tgl. 10–17, im Winter Do–So 13–16 Uhr) dient als *Museum für Alt-Sylter Wohnkul-*

Oben: *Die Strände Sylts sind Sprungbrett für Segler und Salon der von Butlern bedienten Schickeria.* **Mitte:** *Ganz ohne Schnickschnack wird bei Gosch in List köstlicher Fisch serviert.* **Unten:** *Von einem König der Köche, Jörg Müller, lässt man sich in Westerland verwöhnen und passende Roben gibt es bei Sonia Rykiel in Kampen* ▷

tur. Das benachbarte **Sylter Heimat-museum** (Am Kliff 19, tgl. 10–17, im Winter Do–So 13–16 Uhr) präsentiert eine Chronik friesischen Alltagslebens sowie nautisches Gerät und Landschaftsbilder. Dem Heimatmuseum ist seit 1997 das **Magnus-Weidemann-Haus** mit dem Werk des für Akt- und Landschaftsbilder bekannten Fotografen und Malers angegliedert.

Die Kirche **St. Severin**, an der Wattseite nördlich von Keitum, entstand bereits zu Beginn des 13. Jh. und wurde durch einen gotischen Schnitzaltar aus dem 15. Jh. und die Kanzel aus dem Jahre 1700 ergänzt.

In der Umgebung von **Archsum**, weiter südlich im Inselinneren gelegen, stehen die meisten der 20 verbliebenen Bauernhöfe von Sylt und man sieht hier häufig mehr Kühe als Menschen.

Die gedrungene Kirche von **Morsum** aus dem 12. Jh. mit ihrem spätgotischen Schnitzaltar bildet den Mittelpunkt einer lebendigen, kleinen Gemeinde. Am **Morsum-Kliff**, einem 20 m hohen Steilufer im äußersten Osten, präsentiert die Natur 15 Mio. Jahre Erdgeschichte. Es

*Kann denn Wohnen schöner sein –
idyllisches Friesenhäuschen mit üppigem
Garten in Keitum*

birgt unzählige Fossilien von Muscheln, Krebsen, Schnecken und Fischen sowie kleine Halbedelsteine.

Bei **Munckmarsch** östlich des Flughafens legten bis zum Bau des Hindenburgdamms die Fähren vom Festland an. Im restaurierten *Fährhaus* kann man heute gepflegt speisen.

Wenningstedt-Braderup schließt sich nördlich an Westerland an. Die stilvollen Häuser im kleinen Braderup an der Wattseite stehen im Kontrast zu den ausgedehnten Siedlungen mit Gebäuden unterschiedlicher Baustile im westlichen Nachbarort. In der **Friesenkapelle**, der Wenningstedter Dorfkirche, können die Besucher des Gottesdienstes das Vaterunser in Friesisch von der Wand ablesen: »üüs Hemels Faader, let din noom bi üüs uur helig«. Der christliche Gott wurde bei Bestattungen in der Jungsteinzeit drei Jahrtausende v. Chr. noch nicht angerufen. Das aus mächtigen Findlingen erbaute **Hünengrab** von *Denghoog* neben der Friesenkapelle ist begehbar.

Kampen, 5 km nördlich von Wenningstedt, war in den 60er- und 70er-Jahren des 20. Jh. als Treffpunkt der Schickeria oft in den Schlagzeilen der Regenbogenpresse. Inzwischen ist es hier etwas ruhiger geworden. Einen Abglanz bietet noch der von zahlreichen Boutiquen und Szene-Lokalen gesäumte *Strönwai*, der auch schlicht Whiskey-Meile genannt wird. Das **Rote Kliff** von Kampen, eine 30 m hohe Abbruchkante, reflektiert die untergehende Abendsonne, und wer von hier auf den Strand schaut, sieht ihn aus dem Blickwinkel der kreischenden Möwen. Die 53 m hohe **Uwe-Düne** ist nach *Uwe Jens Lornsen* benannt, der wegen separatistischer Neigungen und Agitation von der dänischen Krone als Keitumer Landvogt abgesetzt und ins Gefängnis geworfen wurde.

Im Hafen von **List**, der nördlichsten Gemeinde Deutschlands, legt die Autofähre aus Havneby auf der dänischen Insel Rømø an. *Gosch*, weit über Sylt hinaus bekannt für seine Fischbrötchen, breitet sich mit Ständen und einer Imbisshalle unübersehbar am Hafen aus. Die *Sylter Royal* dagegen versteckt sich im Wattenmeer. Eine Million dieser leckeren Austern werden hier jährlich geerntet.

Der **Ellenbogen**, eine Landzunge am Nordende der Insel, befindet sich nach ei-

Ideal für glühende Verehrer von Sonnenuntergängen – das markante Rote Kliff bei Kampen ist sicherlich auch als Filmkulisse unentbehrlich

ner Schenkung des dänischen Königs im 15. Jh. im Privatbesitz einiger Lister Familien, die für das Betreten dieses Paradieses Wegezoll verlangen (Vorsicht: Badeverbot wegen gefährlicher Strömungen!). Auf **List-Land** unterhalb des Ellenbogens breiten sich einzigartige, gewaltige *Wanderdünen* aus, die sich jedes Jahr einige Meter verschieben.

Südlich von Westerland erstreckt sich das ausgedehnte Natur- und Vogelschutzgebiet **Rantumer Becken**. Von dem nahe des Dikjen-Deel gelegenen *Informationszentrum Eidum Vogelkoje* aus kann man an geführten Wanderungen teilnehmen.

In **Rantum** werden die Hausdächer traditionell mit Reet gedeckt, selbst die Kirche bildet keine Ausnahme. Sylt ist hier nur wenige hundert Meter breit und setzt sich als schmale Landzunge mit endlosen Stränden bis zur Südspitze fort.

Meeresströmungen haben in den letzten Jahren bedenklich viel Sand von der *Hörnumer Odde* abgetragen, doch seit kurzem wird der Strand (auch hier Badeverbot) durch eine Laune der Natur wieder breiter. Im Hafen von **Hörnum** legen die Linienschiffe aus Dagebüll und Amrum an, Ausflugsdampfer starten von hier zu den Halligen und nach Helgoland.

Praktische Hinweise

Tel.-Vorwahl Sylt: 0 46 51

Information: Sylt Marketing, Stephanstr. 6, Westerland, Tel. 1 94 33, Fax 82 02 22, Internet: www.sylt.de

Flugverkehr

Flughafen Sylt, bei Westerland, Tel. 92 06 12

Camping

Dünen-Campingplatz Westerland, Tel. 83 61 60, Fax 99 43 21. Südlich von Westerland am landseitigen Dünenrand.

Campingplatz Südhörn, Tinnum, Tel. 36 07, Fax 36 19. Komfortabler Platz auf einer Wiese am Strand.

Hotels

***** **Benen-Diken-Hof**, Süderstr. 5, Keitum, Tel. 9 38 30, Fax 9 38 31 83, Internet: www. benen-diken-hof.de. Traumhotel mit Reetdach, schönem Innenhof und harmonischem Entspannungsbereich. Mit ausgezeichnetem Restaurant.

***** **Walters Hof**, Kurhausstr. 23, Kampen, Tel. 9 89 60, Fax 4 55 90, Internet: www.walters-hof.de. Geräumige Zimmer mit Blick aufs Watt.

**** **Stadt Hamburg**, Strandstr. 2, Westerland, Tel. 85 80, Fax 85 82 20, Internet: www.relaischateaux.com/stadthamburg. Traditionsherberge von 1869.

**** **Miramar**, Friedrichstr. 43, Westerland, Tel. 85 50, Fax 85 52 22, Internet: www.hotel-miramar.de. Stilvolles Wohnen in kultivierter Atmosphäre direkt an der Promenade.

Restaurants

Gogärtchen, Strönwai, Kampen, Tel. 4 12 42. Der Szenetreff Sylts bietet köstliche Speisen.

Gosch, Hafenstr. 16, List, Tel. 87 10 70. Fischbrötchen und Scampi von 8 Uhr morgens bis abends spät.

Lässig, Dünenstr. 1, Wenningstedt, Tel. 9 45 00, Fax 4 57 77. Mit Michelin-Stern geadelte Spitzenküche (Mi geschl.).

TOP TIPP **Jörg Müller**, Süderstr. 8, Westerland, Tel. 2 77 88. Feinste Nordseeküche, vom Meister der Sylter Spitzenköche, im angeschlossenen Pesel gibt es ebenfalls schmackhafte, jedoch preisgünstigere Menüs.

Manne Pahl, Hauptstr. 2, Kampen, Tel. 4 25 10. Traditionsreiche Kampener Institution mit leckerer Küche und ausgezeichnetem Service.

Sansibar, Hörnumer Str., in den Dünen zwischen Rantum und Hörnum, Tel. 96 46 46. Beliebter Sylt-Treffpunkt mit Brunch und abendlichem Fondue.

Söl'ring Hof, Am Sandwall 1, Rantum, Tel. 83 62 00. Internationale und auch regionale Gerichte, exquisit zubereitet (So geschl.).

Ist ihr Name Programm? – Helgolands ungewöhnlichste Bewohner sind die geselligen, pinguinähnlichen Trottel-Lummen

20 Helgoland

Roter Fels in der Brandung – Deutschlands einzige Hochseeinsel.

»Grün ist das Land, rot ist die Kant', weiß ist der Sand, das sind die Farben von Helgoland.« So beschreibt ein alter Vers die mehr als 50 km vom Festland entfernte Insel. Schon von weitem grüßt das bis zu 50 m hohe, unverwechselbare Plateau aus rotem Buntsandstein seine Besucher – mehr als 500 000 kommen pro Jahr. Mit kleinen, schaukelnden Börtebooten werden sie vom Schiff zur Landungsbrücke gebracht. Dann geht es von der *Unterstadt* per Treppe, Serpentinenweg oder Fahrstuhl zum *Oberland*. Ein knapp einstündiger Spaziergang führt **TOP TIPP** auf dem **Klippen-Randweg** entlang der *roten Kant* der Steilküste rund um die gut 2 km² große Insel. Im Westen erhebt sich einsam die **Lange Anna**, eine mächtige, von der Natur geschaffene Steinsäule, stets von Nordseestürmen bedroht. In den Felsklippen des Plateaus nisten *Trottel-Lummen*, selten gewordene, pinguinähnliche Seevögel. Wer hier erlebt, wie der rote Feuerball der Sonne abends im Atlantischen Ozean versinkt, wird Helgoland sicher nicht vergessen.

Im Mittelalter galt das Eiland als Stützpunkt von Piraten. **Klaus Störtebeker**, der berühmteste der hiesigen Freibeuter, wurde 1402 vor Helgoland von Kriegskoggen der Hanse aufgebracht und bald darauf in Hamburg geköpft.

Die Herzöge von Schleswig, der Dänische König, England und Deutschland wechselten sich als Besitzer der strategisch günstig gelegenen Insel ab. Erst 1890 wurde Helgoland wieder deutsch. In beiden Weltkriegen baute die deutsche Kriegsmarine den Felsen zum Stützpunkt aus, Bombenangriffe der Engländer legten 1945 Häuser und Anlagen in Schutt und Asche.

Inzwischen geht es hier wieder friedlich zu. Während der **Nordseewoche** zu Pfingsten liegen die Hochseejachten in der Regatta rund um Helgoland hart am Wind. Doch auch Landratten können an Törns teilnehmen oder das Segeln erlernen (Jachtschule, Siemensterrasse 138, Tel. 72 00). Wer etwas länger bleibt, wird sich das **Aquarium** (tgl. 10–16.30 Uhr) an der Kurpromenade nicht entgehen lassen, das einen unterhaltsamen und lehrreichen Einblick in die Unterwasserwelt der Nordsee gewährt.

Helgoland oder Grand Canyon – die großartigen Buntsandsteinformationen der deutschen Insel erinnern ein wenig an das amerikanische Naturwunder

Reine Luft, klares Wasser sowie lange, wunderbare Strände bietet die benachbarte **Badedüne**, die per *Dünenfähre* von der Landungsbrücke aus zu erreichen ist. Bis zur Sylvesternacht 1720 kam man noch ohne Boot auf das flache, 70 ha große Eiland, dann zerstörte ein Orkan die Landverbindung.

TOP TIPP

Praktische Hinweise

Tel.-Vorwahl Helgoland: 0 47 25

Information: Helgoland Touristik, Lung Wai 28, Tel. 81 37 11, Fax 81 37 25

Schiff

Reederei Rahder, Tel. 0 48 34/36 12, ab Büsum. **Reederei Cassen Eils**, Tel. 0 47 21/3 50 82, ab Cuxhaven, Büsum, Norderney, Spiekeroog, Langeoog. **Reederei Warrings**, Tel. 0 44 64/9 49 50, ab Bremerhaven und Wilhelmshaven. **Wyker Dampfschiff-Reederei**, Tel. 0 46 81/8 01 47, ab Eider-Sperrwerk, Dagebüll, Föhr, Amrum, Sylt. **Förder Reederei Seetouristik**, Tel. 01 80/3 20 20 25, ab Cuxhaven und Hamburg. **Speedways**, Tel. 0 40/3 17 89 20, ab Hamburg. **Reederei Norden-Frisia**, Tel. 0 49 31/9 87 11 80, ab Norderney, Langeoog, Hooksiel.

Hotels

**** Atoll, Lung Wai 27, Tel. 80 00, Fax 80 04 44, Internet: www.atoll.de. Luxuriöse Anlage mit Wellnessbereich.

**** La mer, Kurpromenade, Tel. 80 90, Fax 80 91 11. Apartments mit Meerblick, Kurmöglichkeiten.

*** Insulaner, Am Südstrand 2, Tel. 8 14 10, Fax 81 41 81. Modernes Haus in reizvoller Lage und mit ausgezeichnetem Restaurant.

Restaurants

Störtebeker, Steanaker 365, Tel. 6 22. Die gemütliche Gaststätte bietet Fischgerichte und Hummerspezialitäten.

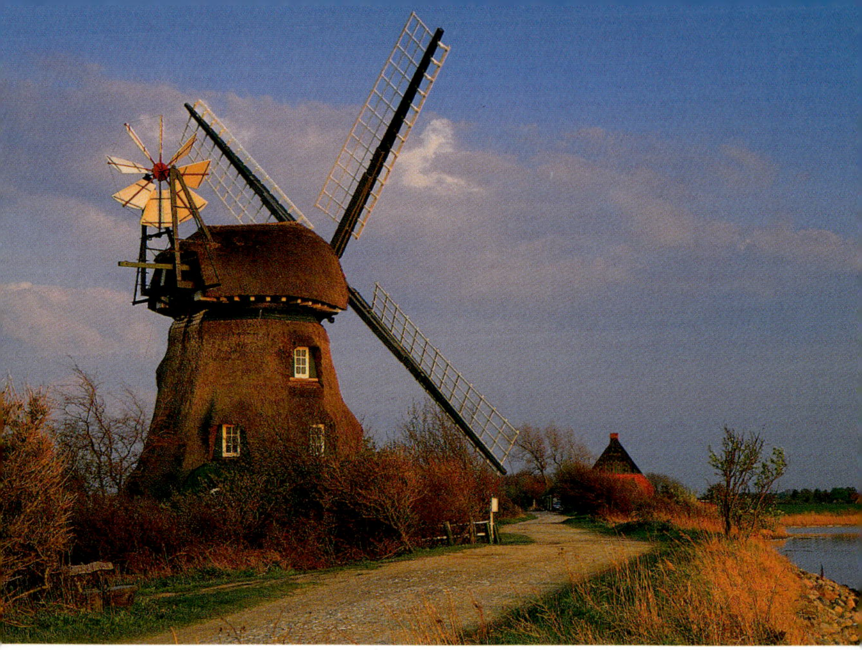

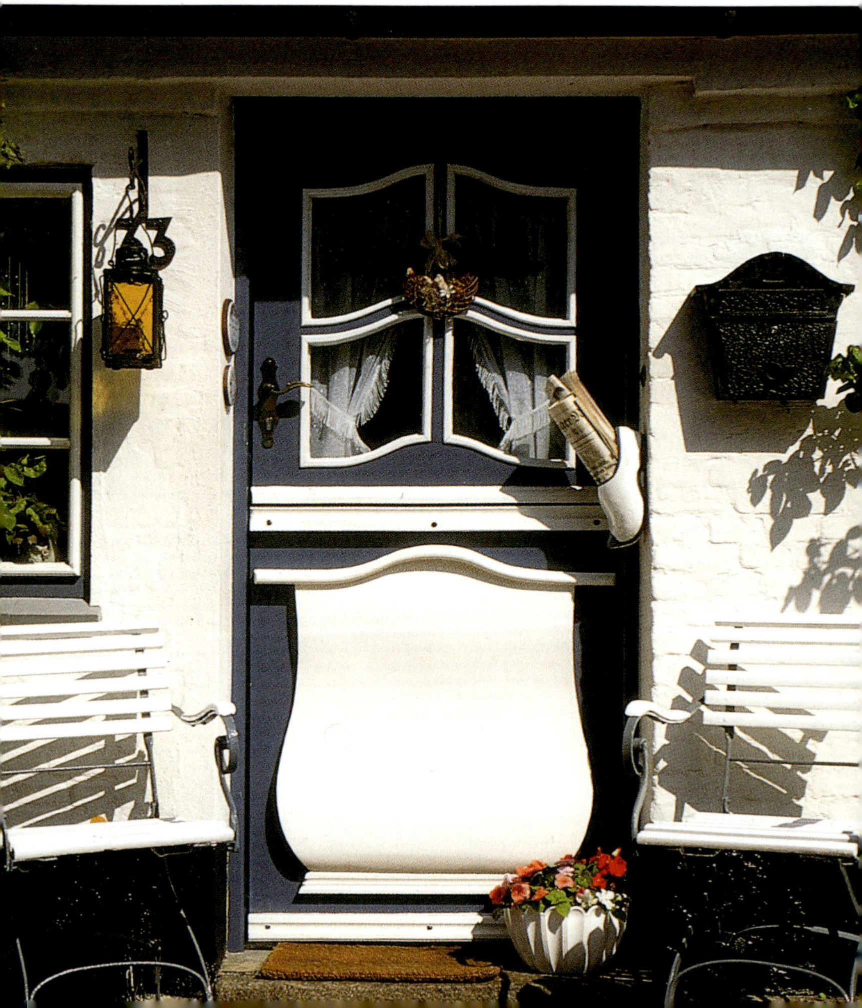
23

Flensburger Bucht, Angeln und Schlei – Felder mit Knicks und stolze Schlösser

Die hügelige Landschaft zwischen Flensburg und Schleswig ist Bauernland. Wälder, Heideflächen, Moore und kleine Seen unterbrechen die von **Knicks**, üppig bewachsenen Erd- und Steinwällen, durchzogenen Felder. Die schmucken Dörfer werden von gedrungenen, romanischen Kirchen und alten Holländer-Windmühlen überragt, deren behäbige Schöpfräder einst der Entwässerung der feuchten Niederungen dienten. Im Museumsdorf **Unewatt** ist das bäuerliche Leben vergangener Jahrhunderte wieder lebendig geworden. Die Ostseeküste ist der dänischen See zugewandt. Ausflugsschiffe steuern von Flensburg aus auf schönen Routen durch Teile der dänischen Inselwelt. Von Maasholm schließlich zieht sich die Förde **Schlei**, ein lang gezogener Fjord, 40 km weit in die Landschaft hinein. Die stimmungsvolle Stadtsilhouette von **Flensburg** mit den restaurierten historischen Kaufmannshöfen und die ehemals herzogliche Residenz **Schleswig** mit dem prunkvollen **Schloss Gottorf** bilden in dieser Region den Rahmen für eine landschaftliche Idylle. Von hier sind ab dem 5. Jh. in mehreren Schüben Volksstämme der Angeln, Sachsen und Jüten aufgebrochen und haben den südlichen Teil Großbritanniens besiedelt.

21 Flensburg   *Plan Seite 60*

Stadt des Rums mit deutsch-dänischem Panorama an der Staatengrenze.

Gegen 1200 wurde Flensburg als dänischer Handelsstützpunkt am inneren Winkel der 34 km langen Fördelandschaft gegründet. Es liegt heute direkt an der Grenze zu Dänemark. Jeder fünfte Flensburger nennt Dänisch seine Muttersprache, es gibt eine dänische Zeitung, Kindergärten, Schulen und Vereine. Die dänischsprachige Minderheit im Norden Schleswig-Holsteins ist politisch im *Süd-Schleswigschen Wählerverband (SSW)* organisiert und mit Abgeordneten im Kieler Landtag vertreten. Übrigens: Viele Flensburger sprechen oder verstehen zumindest *Petuh*, eine unverwechselbare Mischung aus Hochdeutsch, Dänisch und Plattdeutsch. Die entspannte Atmosphäre in der Flensburger **Altstadt** und die munter flatternden deutschen und dänischen Wimpel an den Segelbooten in der Förde lassen bewaffnete Auseinandersetzungen zwischen beiden Nationen heute absurd erscheinen. Doch 1864 eroberten preußische Truppen die dänischen Schanzen an den Düppeler Höhen westlich von Sønderborg.

Die im *Kraftfahrtbundesamt* im Stadtteil Mürwick verzeichneten Verkehrssünden deutscher Autofahrer, Rum und ein Sexartikel-Versand haben Flensburgs Namen weithin bekannt gemacht. Natürlich hat die Stadt von fast 90 000 Einwohnern noch einiges mehr zu bieten.

Die **Fußgängerzone** und Einkaufsmeile, bestehend aus Norderstraße, Großer Straße und Holm, zieht sich vom **Nordertor** (16. Jh.) ❶ – dem Wahrzeichen Flensburgs und bis Ende des 18. Jh. nördliche Grenze der Stadt – bis zum Südermarkt. Von den traditionellen **Kaufmannshöfen**, die in Flensburg ab Ende des 16. Jh. entstanden, wurden inzwi-

◁ **Oben:** *Flotte Charlotte – im heutigen Feriengebiet Angeln entwässerte die stattliche Windmühle einst die Niederungen der Geltinger Bucht*

Unten: *Für das Schwätzchen zwischendurch – die hübschen alten Häuser von Holm sind mit ›Klöndören‹ ausgestattet, deren oberer Teil separat geöffnet werden kann*

schen viele, darunter der Rote Hof, Brasseriehof, Norwegerhof, Blumenhof, Krusehof und der Handwerkerhof, restauriert und durch Galerien, Boutiquen, Werkstätten und kleine Läden zu neuem Leben erweckt. Den Errungenschaften der Neuzeit ist in der Nähe des Nordertors **Phänomenta 2** (Norderstr. 157, Mo–Fr 9–16.30, Sa 14–18, So 10–17 Uhr) gewidmet. Diese Ausstellung moderner Technik und Wissenschaft mit vielen Experimentiermöglichkeiten begeistert nicht nur Jugendliche.

Einem Privileg des dänischen Königs von 1755, dem Handel mit **Rum** von den dänischen Karibik-Kolonien, den heutigen US-Virgin Islands, verdankte Flensburg seine Blüte im 18. Jh. Der importierte Rum wurde an der Förde in Eichenfässern gelagert und dem europäischen Geschmack entsprechend verschnitten. Am *Museumshafen* halten im Juli die **Rum-Regatta** mit historischen Segelschiffen, vor allem aber das **Schifffahrtsmuseum 3** im ehem. Zollpackhaus mit Modellen, Schiffsinstrumenten, alten Stichen und dem angeschlossenen **Rum-Museum** (Schiffbrücke 39, April–Okt. Di–So 10–17, März–Nov. bis 16 Uhr) die Erinnerung an die seemännischen und hochprozentigen Glanzzeiten Flensburgs wach.

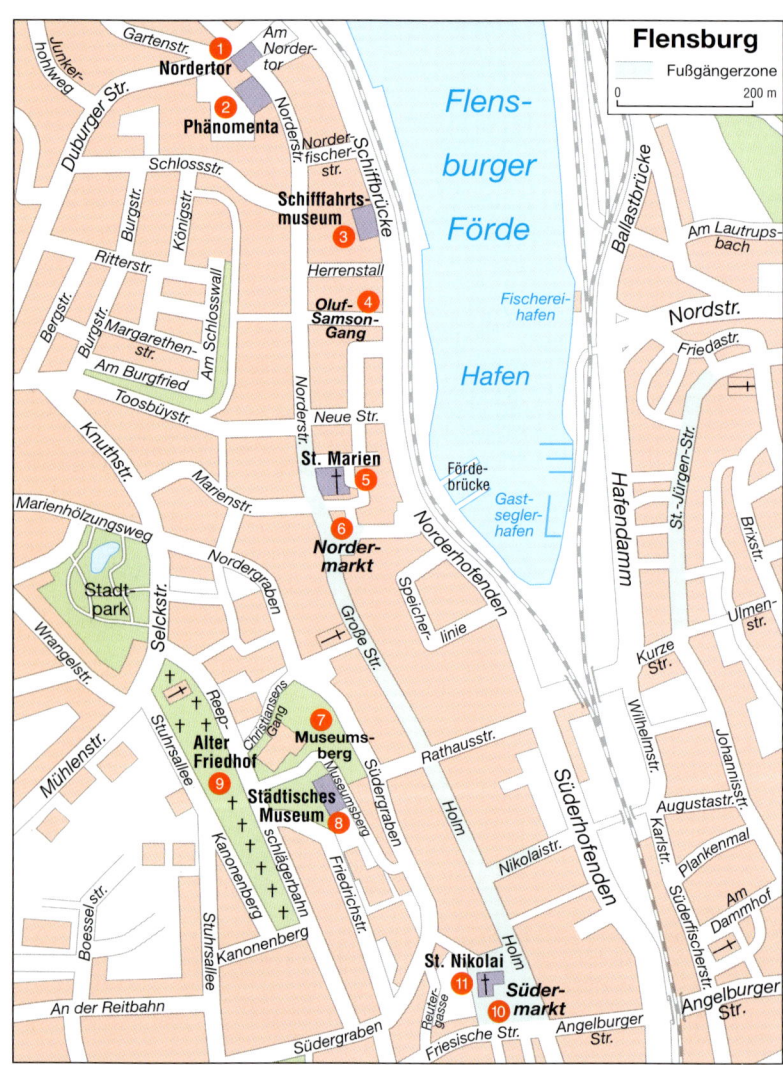

Oben: *Flensburg ist nicht nur für Verkehrssünder von großem Interesse – tatsächlich erweist es sich als eine attraktive Hafenstadt*

Unten: *Über die Fußgängerzone der Großen Straße schlendern Flensburger und Besucher, vom Nordermarkt und der Kirche St. Marien kommend*

Auch der **Oluf-Samson-Gang** ❹ mit seinen gemütlichen kleinen Häuschen hatte lange mit der entbehrungsreichen Seefahrt zu tun. Er galt unter Matrosen als lieblichster Rotlichtdistrikt Deutschlands. Inzwischen sind die meisten der leichten Damen in andere Stadtbereiche verbannt worden. An den Sommerwochenenden qualmt der 1908 gebaute Salondampfer *Alexandra*, beladen mit gut gelaunten Ausflugsgästen über die Förde (Tel. 0461/212 32). **Dampf-Rundum** heißt der Korso der Alexandra und weiterer Dampfschiffe aus anderen Ost- und Nordseehäfen, der jedes zweite (ungerade) Jahr im Juli veranstaltet wird.

In der malerischen **Altstadt** erhebt sich neben dem Uhrturm des stattlichen *Alten Gymnasiums* der spitze Turm der 1284–1445 aus Backstein erbauten Kirche **St. Marien** ❺. Ein Meisterwerk der Spätrenaissance ist der *Altar* von 1598. Das bronzene *Taufbecken* aus der gleichen Epoche ist mit Dürers ›Kleiner Passion‹ nachempfundenen Reliefs versehen und wird von Evangelistenfiguren getragen. Spätgotische Wandmalereien schmücken das Kirchengewölbe.

Den **Nordermarkt** ⑥ zieren außerdem ein Neptunbrunnen (18. Jh.) und die Arkadengänge des **Schrangen** (16. Jh.). Unweit westlich bietet der **Museumsberg** ⑦ einen herrlichen Blick über die Stadt und die bewaldeten, hügeligen Ufer der Förde. Das **Städtische Museum** ⑧ (Museumsberg 1, Di–So 10–17, im Winter bis 16 Uhr) zeigt Möbel und Bauernstuben des 17. und 18. Jh. sowie norddeutsche Malerei des 19. und 20. Jh., darunter Werke von Emil Nolde. Auf dem nahe gelegenen **Alten Friedhof** ⑨ ruhen die Gefallenen des deutsch-dänischen Krieges im 19. Jh. Über den Holm gelangt man schließlich zum **Südermarkt** ⑩, wo Händler und Landwirte der Umgebung jeden Mittwoch und Samstag frisches Obst und Gemüse anbieten. Hier erhebt sich auch die 1390–1480 entstandene Backsteinkirche **St. Nikolai** ⑪. Zur Ausstattung gehört der prächtige *Orgelprospekt* (frühes 17. Jh.), ein Meisterwerk der Renaissance von Heinrich Ringering. Bemerkenswert sind weiterhin der spätbarocke Altar (18. Jh.), die reich verzierte Kanzel (16. Jh.) und das bronzene Taufbecken (15. Jh.).

Praktische Hinweise

Tel.-Vorwahl Flensburg: 04 61

Information: Flensburg Tourismus, Speicherlinie 40, Amalie-Lamp-Speicher, Tel. 9 09 09 20, Fax 9 09 09 36

Schiff

Förde-Reederei Seetouristik, Norderhofenden 19, Flensburg, Tel. 86 40. Fahrten nach Apenrade, Kappeln, Sønderborg.

Mit dem Salondampfer Alexandra von 1908 können Ausflügler von Flensburg aus die Gestade der Förde erkunden

Hotels

**** **Wassersleben**, Wassersleben 4, Harrislee, Tel. 7 74 20, Fax 7 74 21 33, Internet: www.ccl-hotels.com. Wunderbare Lage am Strand der Förde, alle Zimmer mit Blick aufs Wasser.

**** **Hotel des Nordens**, An der B 200, Harrislee, Tel. 70 20, Fax 70 27 02, Internet: www.hotel-des-nordens.de. Großzügige Anlage mit mehreren Pools und Saunen.

*****Am Wasserturm**, Blasberg 13, Tel. 3 15 06 00, Fax 31 22 87, Internet: www.hotel-restaurant-am-wasserturm.de. Klares, skandinavisches Ambiente an der Ostseite der Förde.

Restaurants

Alt-Flensburger Haus, Norderstr. 8, Tel. 2 64 64. Traditionelles Restaurant mit ausgezeichneter Weinstube.

Piet Henningsen, Schiffbrücke 37, Tel. 2 42 12. Maritime Speisekarte im nautisch dekorierten Hafenrestaurant.

 22 Glücksburg

Wasserschloss und Surfparadies am südöstlichen Fördestrand.

GGGMF, die Anfangsbuchstaben des Wahlspruchs von Herzog Johann d. J. von Schleswig-Holstein-Sonderburg-Plön – *Gott gebe Glück mit Frieden* – sind über dem Portal des prächtigen Wasserschlosses Glücksburg eingemeißelt (Di–So 10–12 und 14–16, im Sommer 10–17 Uhr). Der jüngste Sohn des dänischen Königs Christian III. ließ den markanten weißen **Renaissancebau** 1583–87 vom Flensburger Baumeister *Nikel Karies* am Südufer der Förde errichten. Der Baukörper mit seinen drei parallel hintereinander gestaffelten, ziegelgedeckten Satteldächern wird von vier mächtigen achteckigen Türmen eingefasst. An drei Seiten plätschert das Wasser des Schlosssees gegen die Granitsockel des Gebäudes. *Kavaliershaus, Torhaus* und *Wirtschaftsgebäude* sind über kurze Straßendämme zu erreichen.

Im **Inneren** des Schlosses können die barocke *Kapelle* mit einer Fürstenloge, dazu einige Prunkräume, wie der mit klassizistischen Möbeln eingerichtete (hell gestaltete) *Rote Saal*, die wertvolle Porträtgalerie, die reich ausgestattete *Schatzkammer* und der *Weiße Saal* mit

Weißer Traumpalast auf samtgrüner Teichdecke – die architektonischen Reize des Wasser-schlosses Glücksburg offenbaren sich auch aus der Vogelperspektive

kostbaren flämischen *Gobelins* aus der Mitte des 18. Jh. besichtigt werden.

Östlich des spektakulären Wasser-schlosses und des dazugehörigen *Residenzstädtchens Glücksburg* ragt die schmale Halbinsel **Holnis** keilförmig nach Norden in die Bucht und teilt diese in Außen- und Innenförde. Ein 400 ha großes Terrain ihrer teils bewaldeten und von einer bis zu 30 m hohen Steilküste begrenzten Spitze ist als *Naturreservat* geschützt und durch Wanderwege erschlossen. Im Osten der Halbinsel erstrecken sich beliebte *Badestrände*, z. B. der von **Bockholm**. Für Windsurfer ist Holnis ein Paradies, denn an einer ihrer Küsten weht fast immer eine steife Brise.

Praktische Hinweise

Tel.-Vorwahl Glücksburg: 0 46 31

Information: Tourist-Info Glücksburg, Sandwigstr. 1a, Tel. 6 00 70, Fax 33 01

Camping
AZUR Ostseecamp Grenzblick, Am Kurstrand 3, Glücksburg-Holnis, Tel. 62 20 71, Fax 62 20 72. Strandplatz auf einer von Büschen und Bäumen gesäumten Wiese.

Unterkünfte
*** **Alter Meierhof**, Uferstr. 1, Glücksburg, Tel. 6 19 90, Fax 61 99 99, Internet: www.alter-meierhof.de. Wellness-Hotel im modernen Gutshofstil mit Förde-panorama und gutem Restaurant.

** **Dünkelmann**, Drei 11, Glücksburg-Holnis, Tel./Fax 78 89. Behagliche, strandnahe Ferienwohnungen mit Fördeblick vom Balkon aus.

Restaurant
Strandhotel, Kirstenstr. 6, Glücksburg, Tel. 6 14 10. Kreative Regionalküche, dazu ein wunderbares Hotel.

23 Angeln

Ländliches Feriengebiet mit Bauernhöfen, Windmühlen und Feldsteinkirchen.

Die hügelige Landschaft von Angeln mit ihren Wäldern, Mooren und Seen wurde von Grundmoränen der letzten Eiszeit geformt. Sie ist für einen beschaulichen Urlaub mit **Fahrradtouren** auf den 1600 km markierten Fahrradwegen wie geschaffen. An den Sand-, Kies- und Steilküsten der Ostsee zwischen Flensburger Förde und Schlei gibt es keine mondänen Badeorte oder Bettenburgen. Die Gäste ziehen Ferienwohnungen und -häuser sowie Zimmer auf Bauernhöfen vor. In den Dörfern findet man gedrungene, romanische *Granitsteinkirchen*, die ab dem 12. Jh. entstanden sind. Nicht selten gehören *Windmühlen* zu den höchsten Gebäuden in den Dörfern des Landes Angeln, einige wurden restauriert und zu Restaurants und Unterkünften umgebaut.

Südöstlich von Glücksburg, im Tal der *Langballigau*, liegt das Museumsdorf **Unewatt**. Liebevoll restaurierte Gebäude, z. B. die Kornwindmühle, die Buttermühle mit Wasserradanlage, eine Stallscheune und ein für Südangeln typisches Fachhallenhaus sind Sehenswürdigkeiten des Ortes und geben als **Landschaftsmuseum Angeln** (Mai–Sept. Di–So 10–17, Okt. und April Fr–So 10–17 Uhr) Auskunft über das bäuerliche Leben vergangener Zeiten. Am Ortsrand dreht die Holländer-Galeriemühle *Steinadler* gelegentlich ihre Flügel im Ostseewind.

Nur wenige Kilometer weiter birgt die romanische Kirche *St. Martin* im Örtchen **Steinbergkirche** einen geschnitzten, spätgotischen Altar aus dem 15. Jh. Die ebenfalls romanische *Marienkirche* von **Sörup**, inmitten einer Moor- und Seenlandschaft gelegen, gilt als Vorbild vieler Landkirchen der Region. So auch für die aus Feldsteinen errichtete Dorfkirche des nahen **Satrup** mit einem Taufbecken (13. Jh.) aus Gotland.

Das stattliche, dreiflügelige Herrenhaus von **Gelting** befindet sich noch heute in Privatbesitz. Sönke Ingwersen, vom dänischen König zum Baron von Gelting ernannt, ließ die mittelalterliche Anlage zum repräsentativen Landschloss umbauen. Spaziergänger treffen im Landschafts- und Vogelschutzgebiet **Geltinger Birk**, das die Spitze der teils sandigen, teils moorigen, in die Ostsee hineinragenden Halbinsel einnimmt, auf vom Wind eigentümlich geformte Bäume und Sträucher, die *Windflüchter* heißen. Wind benötigte auch eines der Wahrzeichen von Angeln am Geltinger Noor, die **Windmühle Charlotte**, die am Südrand des heutigen Naturschutzgebietes einst ein Schöpfwerk zur Entwässerung des Landes antrieb. Nahe dem stattlichen Herrenhaus **Gut Rundhof** bei Stangheck südlich von Gelting ist noch eine der als *Vorstädte* bezeichneten Siedlungen erhalten, in denen die Leibeigenen der Adelsgüter wohnten.

Süderbrarup ist Zielort der nostalgischen *Angelner Dampfeisenbahn* (Tel. 04 61/1 31 12), die an ausgewählten Tagen aus Kappeln herangeschnauft kommt. Im Schatten des neogotischen Glockenturmes der romanischen Kirche *St. Jacobus* wird am 25. Juli einer der lebendigsten Märkte von Angeln abgehalten. Im Wirtschaftsgebäude der *Rurup-Mühle* informiert das **Bernsteinmuseum** (Pfingsten–Nov. Di–So 10–12 und 14–17 Uhr) über Ursprung, Fundorte und Verarbeitung des ›Ostseegoldes‹. Das **Thorsberger Moor** am nördlichen Rand von Süderbrarup war bis zur Abwanderung der Angeln auf die Britischen Inseln im 5. Jh. eine bedeutende *Kult- und Opferstätte* zu Ehren des germanischen Kriegsgottes *Thor*. Viele der gut erhaltenen Fundstücke, Waffen, Kleidung und Schmuck, sind im Landesmuseum von Schloss Gottorf in Schleswig ausgestellt [s. S. 65 f.].

Das nicht weit von Schleswig gelegene **Tolk** ist den meisten Urlaubern nicht wegen seiner romanischen, aus Feldsteinen erbauten Kirche, sondern wegen des Wild-, Freizeit- und Märchenparks **Tolk-Schau** (tgl. 10–18 Uhr) bekannt, der zwischen Ostern und Herbst die meist jüngeren Besucher erfreut. Bei **Idstedt**, 10 km nördlich von Schleswig, führt ein um 3000 v. Chr. errichtetes *Hünengrab* in die Frühgeschichte. Die Ausstellungen der *Idstedt-Halle* (April–Sept. tgl. 8–18 Uhr, Okt.–März So–Fr 9–17 Uhr) wiederum dokumentieren die Unabhängigkeitsbestrebungen deutschstämmiger Schleswig-Holsteiner und den Verlauf

Wellenreiten auf der Rutsche: Im Freizeitpark Tolk wird Spaß groß geschrieben

In der schon durch ihre grazilen Kreuzrippengewölbe beeindruckenden Gotischen Halle des Schlosses Gottorf zeigt das Landesmuseum Schleswig-Holstein Kirchenkunst des Mittelalters

der von den Aufständischen verlorenen Schlacht gegen die Dänen bei Idstedt am 25. Juli 1850.

Praktische Hinweise

Information: Fremdenverkehrsverein Ostangeln, an der B 199, Gelting, Tel. 0 46 43/7 77, Fax 4 42. – Schleswig-Holstein Binnenland, Stapelholmer Weg 13, Tarp, Tel. 0 46 38/2 10 88 80, Fax 2 10 88 81. – Fremdenverkehrsverein Flensburger Außenförde, Süderende 1, Langballig, Tel. 0 46 36/88 36, Fax 88 37

Hotels

**** Historischer Krug, Oeversee, an der B 4, Tel. 0 46 30/94 00, Fax 7 80, Internet: www.historischer-krug.de. Romantische Hotelanlage mit angegliedertem Gourmet-Restaurant Privileg.

*** Jule, Schmiedestr. 1, Gelting, Tel. 0 46 43/25 00. Gepflegte Gästezimmer bietet dieser kultivierte Gasthof.

* Hansenhof, Bremholm 11, Sterup, Tel. 0 46 37/3 40. Gemütliches Heuhotel in früherem Kälberstall.

Restaurants

Gasthaus Unewatt, Unewatter Straße, Tel. 0 46 36/17 55. Dorfkrug mit guter Küche im Museumsdorf.

Landhaus Schütt, Nübelfeld 34, Quern-Nübelfeld, Tel. 0 46 32/8 43 18, Fax 84 31 31. Fantasievolle Küche in etwas fantasielosem Nutzbau.

24 Schleswig *Plan Seite 66*

Die Herzogsresidenz am Ufer der Schlei ist heute ein gemütliches Kulturzentrum.

Die beschauliche Stadt am Ende der tief ins Land führenden Schleibucht war ab dem 10. Jh. *Bischofssitz* und ab dem 12. Jh. glanzvolle herzogliche Residenz. Bereits 804 wurde ein *Sliesthorp* in den Fränkischen Reichsannalen erwähnt, der eigentliche Aufstieg der Stadt begann jedoch erst nach der Zerstörung der bedeutenden Wikingersiedlung *Haithabu* am gegenüberliegenden Ufer der Schlei durch den Norwegerkönig Harald den Harten und andere Angreifer im 11. Jh.

Die Residenz der Herzöge von Schleswig und später der von Schleswig-Holstein-Gottorf entwickelte sich zu einem politischen und kulturellen Zentrum des Landes, vor allem nachdem Herzog Friedrich I. 1523 zum dänischen König gewählt worden war.

Er ließ die mittelalterliche Wasserburg auf der Burginsel in der Schlei zu dem prächtigen **Schloss Gottorf** ❶ umgestalten. Damals entstand der

65

Westflügel im Stil der Frührenaissance. Das 17. Jh. war die Blütezeit Gottorfs, im Rahmen der letzten großen Baumaßnahmen unter Herzog Friedrich IV. wurde der mächtige barocke **Südflügel** (1697–1703) errichtet. Nachdem das Schloss lange als Kaserne dänischer, preußischer und deutscher Streitkräfte gedient hatte, restaurierte man die Anlage nach dem Zweiten Weltkrieg und brachte in den Räumlichkeiten den größten Teil der kostbaren Sammlungen der **Landesmuseen Schleswig-Holsteins** unter (tgl. 9–17 Uhr, im Winter Di–So 9.30–16 Uhr).

Exponate zur *Kunst- und Kulturgeschichte* des Landes, Altäre, Möbel, Gemälde – darunter ein Werk von Lucas Cranach d. Ä. – sind in der **Gotischen Halle** (15. Jh.) und angrenzenden Sälen ausgestellt. Der mit Jagdtrophäen geschmückte **Hirschsaal** gehört zu den eindrucksvollen Prunkräumen des Schlosses. Die ebenfalls Ende des 16. Jh. entstandene zweigeschossige **Kapelle** ist mit Gemälden und Intarsien reich geschmückt. Glanzpunkt ist im Emporengeschoss die prunkvolle *Herzogliche Betstube*. Im Mittelpunkt der Sammlung zur *Vor- und Frühgeschichte*, die im **Exerzierhaus** untergebracht ist, stehen das 23 m lange *Nydam-Boot*, ein Ruderboot aus dem 4. Jh., und die berühmten *Moorleichen* der Eisenzeit aus dem Thorsberger Opfermoor bei Süderbrarup. Der **Kreuzstall** und ein Skulpturengarten sind der *modernen Kunst* gewidmet. Hier findet man u. a. Werke von Ernst Barlach und Emil Nolde.

Gleichfalls sehenswert ist die Sammlung des **Städtischen Museums Schleswig** ❷ (Friedrichstr. 9–11, Di–So 10–17 Uhr) südlich des Schlosses. Beheimatet sind die Exponate, Spielzeug, Keramik, Gemälde und eine Druckerei in einem Palais des 17. Jh. Das beste Bild von Schleswig macht man sich vom Café im Obergeschoss des nahe gelegenen **Wikingturms** ❸, einem protzigen Apartmentriesen aus den 1970er-Jahren.

Im Fokus liegt die hübsche **Altstadt** und der imposante 112 m hohe Turm des **Doms St. Petri** ❹. Auf den Resten eines romanischen Vorgängerbaus entstand im 13.–15. Jh. die gotische Basilika mit Kreuzgang. Der **West-**

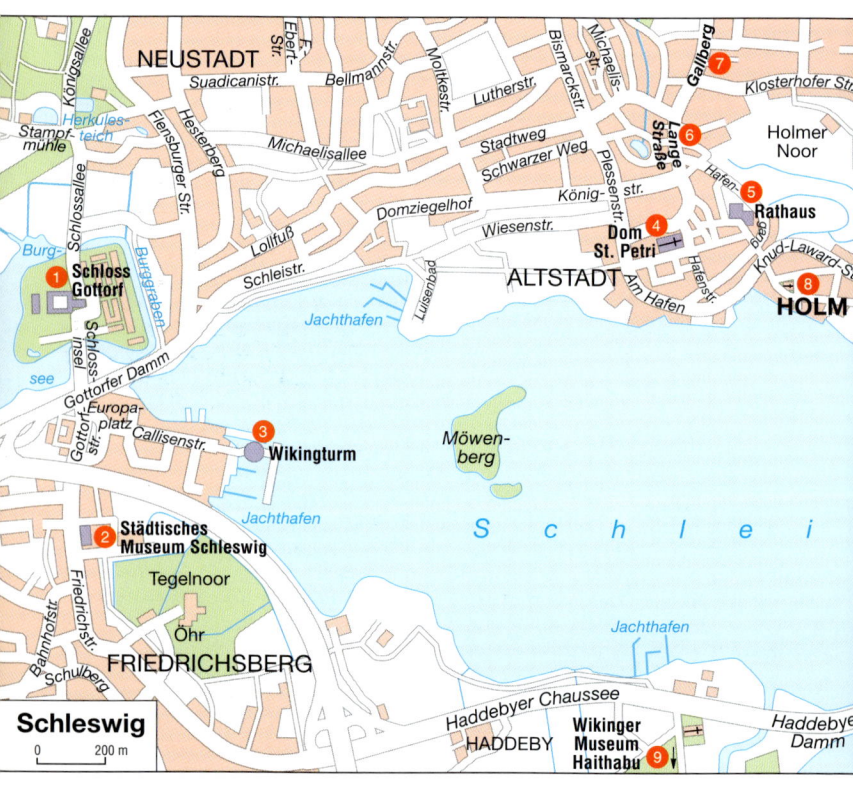

Schleswig
0   200 m

An den Ufern der Schlei – überragendes Bauwerk der Altstadt von Schleswig ist der elegante Turm (19. Jh.) des Domes St. Petri

turm kam erst 1894 hinzu, ein Geschenk des deutschen Kaisers. Bedeutendstes Kunstwerk im **Inneren** ist der aus Eichenholz geschnitzte **Bordesholmer Altar** (1514–21). In mit 400 Figuren dicht bevölkerten Bildkulissen stellte *Hans Brüggemann* 22 Szenen aus der Passion Christi dar, eingebettet in filigrane Rahmenornamente. Weitere Glanzstücke sind der (rekonstruierte) *Lettner* mit Triumphkreuzgruppe (15. Jh.) und die Gewölbemalereien (13./15. Jh.). In der den Chor flankierenden *Fürstengruft* sind die Herzöge von Gottorf beigesetzt. Weitere Deckenfresken (14. Jh.) schmücken den anschließenden dreiflügeligen gotischen *Kreuzgang*. Sie zeigen Szenen aus dem Leben Christi.

Das stattliche, dreigeschossige **Rathaus** **5**, nur wenige Schritte vom Dom entfernt, wurde Ende des 18. Jh. auf den Grundmauern der Kirche des *Grauklosters* errichtet, einer ehem. Franziskanerabtei aus dem 13. Jh. Reste des Vorgängerbaus sind erhalten. Im Ständesaal tagte 1836–48 die Landesvertretung, der von Granitsäulen getragene Giebelvorbau diente im Mittelalter als Pranger. Schleswigs schönste barocke *Bürgerhäuser* (17./18. Jh.) stehen westlich des Rathausmarkts, an der **Langen Straße** **6** (Nr. 9, 19) und am **Gallberg** **7** (Nr. 3, 4).

Von hier ist es nicht mehr weit zum einstigen Fischerdorf **Holm** **8**, das bis 1933 von einem Wassergraben umgeben war und heute innerhalb der Stadtgrenze liegt. ›Klöndören‹, horizontal zweigeteilte Haustüren, die zu einem gemütlichen Schwätzchen geöffnet werden können, Fischer, die an der Schlei ihre Netze flicken, und das sehenswerte mittelalterliche *St.-Johannis-Kloster*, nach der Reformation in ein Stift für adlige Damen umgewandelt, verleihen dem Dorf eine idyllische Atmosphäre. Bei der hiesigen *Twiebakken Regatta* segeln jedes Jahr im August ausrangierte Fischerboote um die Wette. Einzigartig ist der *Dorffriedhof* mit einer kleinen Kapelle in seiner Mitte, wie ein Marktplatz von Häusern eingefasst. Seit 1650 kümmert sich hier die Totengilde *Holmer Beliebung* um ihre verstorbenen Mitglieder.

Ausflüge

Im Süden von Schleswig, an einem Kreuzungspunkt alter Handelswege, legten die Wikinger vor mehr als 1000 Jahren ihren Stützpunkt **Haithabu** an. Den Ringwall der befestigten Siedlung kann man noch heute erklimmen. Das **Wikinger Museum Haithabu** **9** (an der B 76 Richtung Eckernförde; April–Okt. tgl. 9–17, Nov.–März Di–So 10–16 Uhr) umfasst sieben Ausstellungshallen, die

TOP TIPP

wie kieloben gelegte Boote am Ufer des *Haddebyer Noor* gruppiert sind. Es informiert anschaulich und umfassend über die Lebensweise der rauen Seefahrer und Händler. Wer sich für Wikinger interessiert, sollte unbedingt die *Schleswiger Wikingertage* besuchen, ein historisches Volksfest, das jedes gerade Jahr am ersten Augustwochenende ausgerichtet wird.

Etwa 4 km südlich von Haithabu, beim Örtchen **Danewerk**, kann man die Reste der gleichnamigen, teilweise aus Backstein gefertigten, bis zu 8 m hohen Wall-befestigung ausmachen, die eine 17 km breite Landenge zwischen der Schlei und den sumpfigen Flussniederungen der Rheider Au im Westen sicherte. Schon im 8. Jh. ließ der dänische *König Göttrik* einen ersten Erdwall gegen die Expansionsbestrebungen des Frankenreiches aufwerfen. Das Museum **Danevirkegarden** (Ochsenweg 5, Mo–Fr 9–17, Sa/So 10–18 Uhr, im Winter Di–So 10–16 Uhr) vermittelt einen Überblick über Geschichte und Überreste dieser altnordischen Verteidigungsanlage.

Figurenreiches Wunderwerk der Schnitzkunst – den Bordesholmer Altar im Dom St. Petri von Schleswig schuf Hans Brüggemann Anfang des 16. Jh.

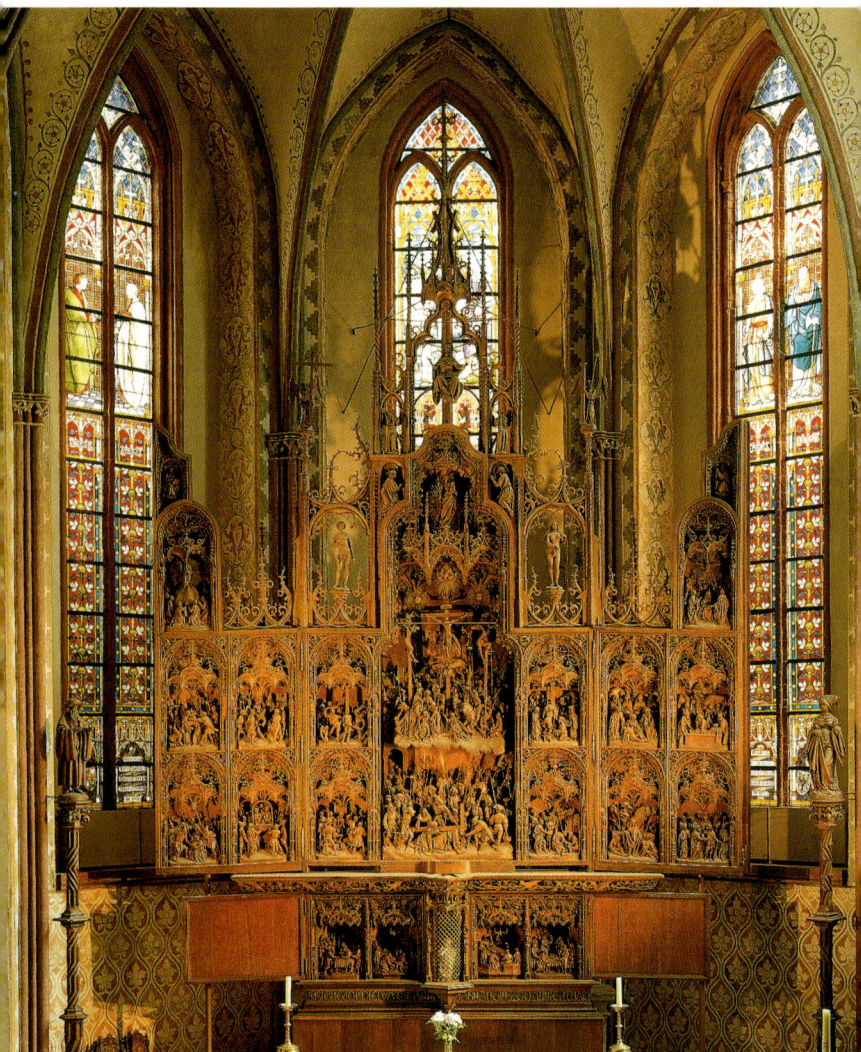

Hektik scheint hier noch ein Fremdwort zu sein – geruhsam geht es in den kopfstein-gepflasterten Altstadtgassen von Holm zu

Tel.-Vorwahl Schleswig: 0 46 21

Information: Touristinformation, Plessenstr. 7, Tel. 98 16 16, Fax 98 16 19

Hotels

**** **Waldschlösschen**, Kolonnen-weg 152, Tel. 38 30, Fax 38 31 05, Internet: www.hotel-waldschloesschen.de. Komforthotel mit dem empfehlenswerten Restaurant Olearius.

*** **Waldhotel**, Stampfmühle 1, Tel. 2 32 88, Fax 2 32 89. Gemütliches Jugendstilhaus nördlich des Schlosses.

Handelsmetropole der Wikinger

»König Sven setzte diesen Stein für Skarthi, seinen Gefolgsmann, der nach Westen gefahren war, aber nun bei Haithabu starb«, steht in Runenschrift auf einem Stein nicht weit vom mächti-gen, halbkreisförmigen Erdwall zwi-schen Haddeby und Busdorf, der einst **Haithabu**, *die wichtigste Handelsme-tropole des Nordens umgab. Zwischen 1000 und 2000 Menschen lebten um die Jahrtausendwende in dieser ›Sied-lung auf der Heide‹ am Ende der 40 km langen Schleibucht, am Kreuzungs-punkt der damaligen* **Handelswege.** *Im 1985 eröffneten Wikinger Museum Haithabu ist die Siedlung im* **Modell** *rekonstruiert, illustrieren Fundstücke von Werkzeugen, Schmuck, Münzen und Bekleidung das Alltagsleben der*

Mit solch niedrigbordigen Schiffen gingen furchtlose Wikinger auf große Fahrt

Nordleute vor 1000 Jahren und zeich-nen den Radius ihrer Handels-, Kaper-und Entdeckungsfahrten nach, der von der nordamerikanischen Ostküste bis ins östliche Mittelmeer und nach Kiew reichte. Einige der ungemein seetüchti-gen, stromlinienförmigen **Langschiffe,** *die diese weiten Seereisen erst ermög-lichten, zeigt die Sammlung ebenfalls.*

An die glorreiche Vergangenheit, als die Siedlung Haithabu nahe Schleswig eine bedeutende Handelsniederlassung war, erinnern die volkstümlichen Wikingertage im August

Restaurant

Schleimöve, Süderholmstr. 8, Tel. 0 46 21/2 43 09. Das beliebte Fischlokal verwöhnt seine Gäste mit riesengroßen Portionen.

Café

Wikingturm Café, Tel. 3 30 40. Herrlicher Weitblick von der 26. Etage des Wohnturms (Mo geschl.).

25 Arnis, Kappeln und Maasholm

Verträumte Fischerdörfer am malerischen Fjord, einer Tochter der Ostsee.

Wie ein Fluss schlängelt sich die im Schnitt nicht mehr als 4 m tiefe **Schlei** von der Ostsee 40 km durch eine hügelige Landschaft bis nach Schleswig. Die Ufer der lang gezogenen Meeresbucht sind gesäumt von Schilfgürteln, Wiesen, vereinzelten Badebuchten und kleinen Fischerdörfern. Die schmalste Stelle bei Missunde misst 135 m, kurz vor Schleswig erweitert sich die Schlei auf eine Breite von 4 km. Fähren bei Arnis und Missunde, die Drehbrücke bei Kappeln und die kuriose Klappbrücke bei Lindau, die Fußgänger, Autos und Eisenbahn bei gegenseitiger Rücksichtnahme gemeinsam nutzen, queren das Gewässer und führen vom Land Angeln im Norden zur Halbinsel Schwansen im Süden.

Arnis, 5 km westlich von Kappeln am Nordufer der Schlei gelegen, ist die kleinste Stadt Deutschlands. 62 Familien aus Kappeln, die sich geweigert hatten, dem Gutsherren Detlev von Rumohr den Huldigungseid der Leibeigenen zu schwören, gründeten 1667 mit Billigung des *Herzogs Christian Albrecht von Gottorf* auf der Insel eine freie Siedlung. Arnis, inzwischen längst mit dem Nordufer verbunden, kommt mit einer einzigen *Langen Straße* aus, an der die mit Rosen geschmückten Wohnhäuser der heute 350 Einwohner liegen. *Utluche*, erkerartige Vorbauten, ermöglichen den Blick auf die Straße und die eigenen, häufig kunstvoll gestalteten Haustüren.

Der Name von **Kappeln** geht auf eine romanische Seemannskapelle zurück, deren Platz inzwischen die spätbarocke, mit einem großartigen Schnitzaltar von *Hans Gudewerdt d. J.* (1641) geschmückten Kirche **St. Nikolai** eingenommen hat. Ein *Heringszaun* von 1482 aus geflochtenen Weidenreusen demonstriert Fangmethoden aus einer Zeit, als die silbernen Fische noch in großen Schwärmen die Schlei bevölkerten und auf ihrem Weg zu den Laichplätzen hier vorbeizogen. Bei den sommerlichen **Kappelner Heringstagen** werden Netze gespannt und Wetten darauf abgeschlossen, wie viele Fische später in den Kochtöpfen landen. Im **Hafen** sind restaurierte Fischerboote, Frachtsegler und Dampfer vertäut, das **Schleimuseum** (Mittelstr. 8, Mitte März–

Okt. Mi/Fr/Sa 14–17 Uhr) erzählt die Geschichte der Seefahrt und des Fischfangs an Schlei und Ostsee. Die 30 m hohe **Holländer-Windmühle Amanda** aus dem Jahre 1888, in der ein Sägewerk besichtigt werden kann und die auch noch Platz für das Fremdenverkehrsbüro hat, gilt als Wahrzeichen des Hafenstädtchens. Im Sommer schnauft gelegentlich ein Museumszug der *Angelner Dampfeisenbahn* ins 11 km entfernte Süderbrarup (Tel. 04 61/1 31 12).

Die Zahl von 500 Liegeplätzen im Seglerhafen von **Maasholm** übertrifft die Anzahl seiner Einwohner. Der kleine Fischereiort an der Schleimündung ist zudem Standort des Seenotrettungskreuzers *Nis Randers*. Surfer schätzen die konstanten Winde. Beliebt sind auch Trips zum Kutterangeln auf der Ostsee, etwa mit den roten Schiffen von Fredi Bruhn (Tel. 0 46 42/60 62).

Die Landzunge vor Maasholm wird durch Anschwemmungen immer länger. Ohne Eingriff des Menschen würde die Schlei möglicherweise in einigen Jahrzehnten zum See werden. Bei einer Deichwanderung zum Vogel- und Naturschutzgebiet **Oehe-Schleimünde** (Führungen, Tel. 0 46 42/61 17) auf der Lotseninsel kann man im Frühjahr nistende Seevögel beobachten.

Fischfang wie anno dazumal – der Heringszaun bei Kappeln funktioniert nach dem Prinzip von Reusen

Fertig zum Auslaufen – noch ist die schnittige Jacht in der Marina von Maasholm an der Schleimündung vertäut

Praktische Hinweise

Information: Tourist-Information Kappeln, Schleswiger Str. 1, Kappeln, Tel. 0 46 42/40 27, Fax 54 41. – Fremdenverkehrsverein Schleidörfer, Königstr. 3, Süderbrarup, Tel. 0 46 41/20 47, Fax 34 61

Schiff
FRS Förde Reederei, Kappeln, Tel. 0 46 42/34 55. Schiffstouren entlang der Ostseeküste und nach Sønderborg.

Camping
Campingplatz Wees, An der Wees 16, Missunde, Tel. 0 43 54/9 84 30, Fax 9 84 32. In Terrassen angelegtes, von Büschen eingefasstes Gelände am Südufer der Schlei.

Hotels
*** **Aurora**, Rathausmarkt 6, Kappeln, Tel. 0 46 42/40 88, Fax 50 88, Internet: www.aurora-kappeln.de. ›Landarzt‹-Atmosphäre, Fischspezialitäten und Sommerterrasse.

*** **Stadt Kappeln,** Schmiedestr. 36, Kappeln, Tel. 0 46 42/40 21, Fax 55 55, Internet: www.stadtkappeln.de. Freundliches Hotel mit regionalem Spezialitätenrestaurant.

Restaurants
Altes Fährhaus, Dorfstr. 47, Fahrdorf, Tel. 0 46 21/3 22 66. Köstliche ›Küstlichkeiten‹ am Südufer der Schlei.

Fährhaus Arnis, Lange Str. 21, Tel. 0 46 42/30 50. Hier gibt es üppige Portionen fangfrischen Fisches.

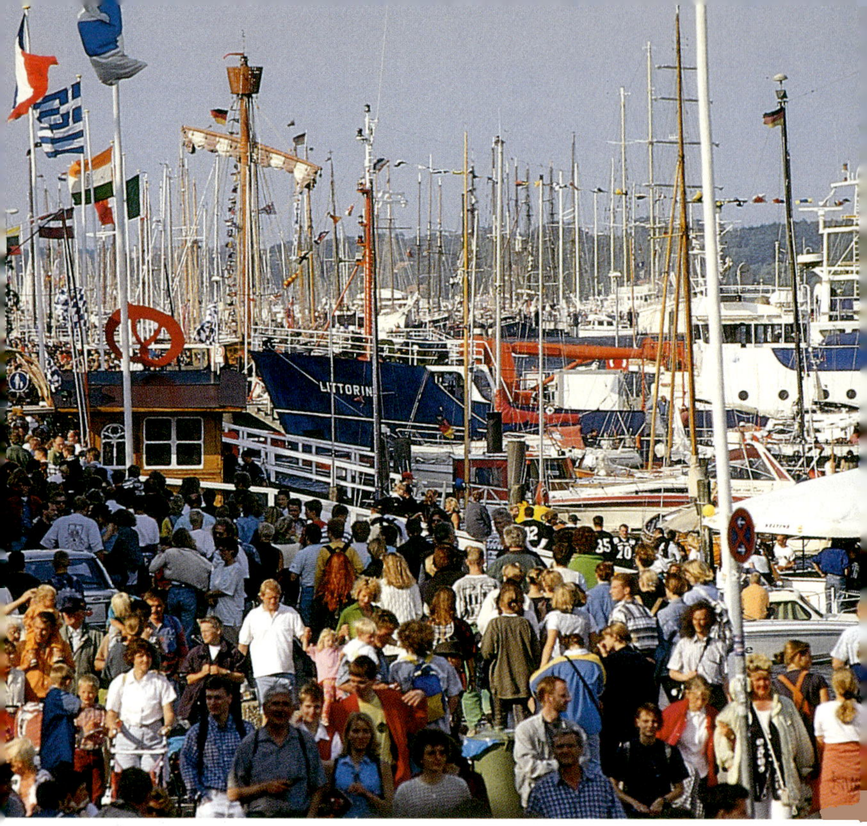
LITTORIN

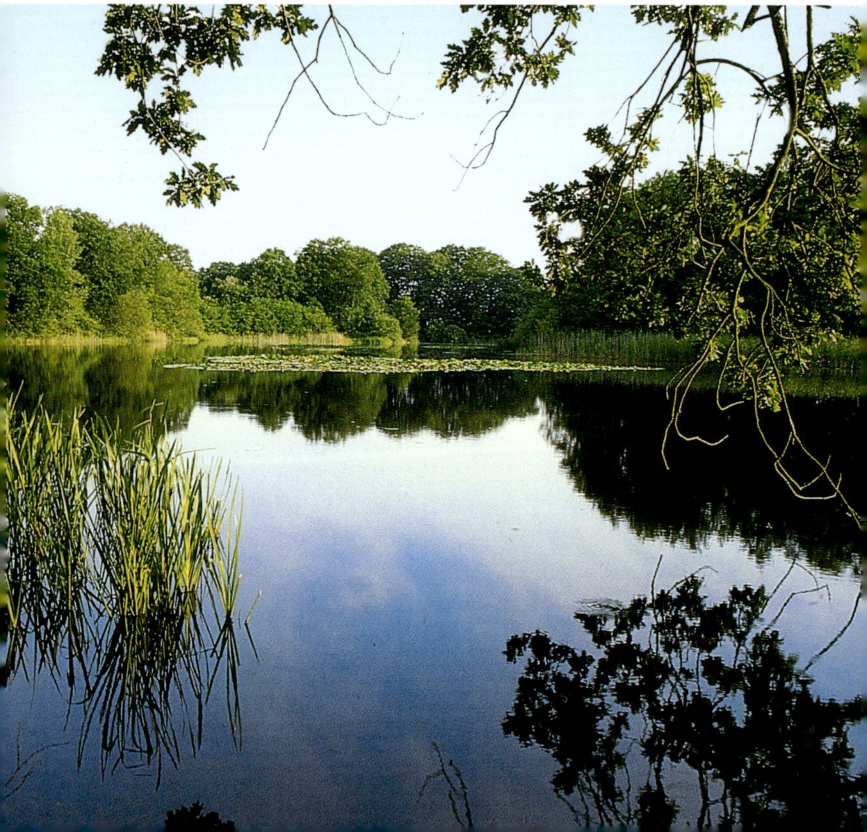

Kiel und Mittelholstein –
Segelboote und Herrenhäuser

Zwischen Nord- und Ostsee zieht sich der **Geestrücken** von Nord nach Süd durch Schleswig-Holstein, eine in der letzten Eiszeit entstandene, hügelige Erhebung. *Güst*, also unfruchtbar und öde, wurde das Land genannt, allerdings blieb der flache Höhenzug von Sturmfluten verschont und bot sich daher als sichere Passage für Reisende an. In **Rendsburg**, um **Neumünster** und bei **Bad Segeberg** standen schon im 1. Jahrtausend wehrhafte *Burgen*, die dem Schutz der Transportwege dienten. Einen Ansturm anderer Art erfuhr die **Ostseeküste**, an der zwischen Eckernförder Bucht und Kieler Förde schon im frühen 19. Jh. erste **Badeorte** wie *Borby* entstanden, gefolgt von Seebädern und modernen Freizeitanlagen, wie z. B. dem Ostseebad **Damp**. Einen Kontrast zum Strandleben bildet **Kiel**, seit Ende des Zweiten Weltkrieges Landeshauptstadt von Schleswig-Holstein. Die weltoffene Metropole ist politisches und wirtschaftliches Zentrum des Bundeslandes. Und nicht zuletzt genießt man hier, was das Meer zu bieten hat – vor allem die **Kieler Woche** genannte internationale Segelregatta. In Ostholstein wiederum, etwa auf der Halbinsel *Schwansen* oder im *Dänischen Wohld*, sind die meisten der knapp 150 noch bestehenden **Herrenhäuser** des Landes zu finden, deren Anfänge mitunter bis auf das 12./13. Jh. zurückreichen. Viele sind in Privatbesitz, öffnen aber während des *Schleswig-Holstein Musikfestivals* ihre Tore für Konzertabende.

26 Eckernförde

Geruhsames Ostseebad mit Tradition, wahre Heimat der Kieler Sprotten.

Ein breiter Sandstrand säumt die tief eingekerbte **Eckernförder Bucht** und zieht sich an ihrem südlichen Ufer fast 4 km lang bis zu einem Leuchtturm. Dieser steht im Scheitelpunkt der Bucht, am Rande des **Hafenbeckens**, in dem Fischkutter im Wasser schaukeln. Daneben führt eine hölzerne *Klappbrücke* über den alten Fischereihafen nach Norden zum Stadtteil **Borby**. Dort ruft seit rund 800 Jahren die auf einem Hügel errichtete, romanische **Feldsteinkirche** die Gläubigen zum Gebet. Der niedrige Turm stammt freilich vom Ende des 19.

◁ **Oben:** *Segler und Schaulustige aus aller Herren Länder geben sich im Juni bei der Kieler Woche ein Stelldichein*

Unten: *Im Naturpark Westensee locken zahlreiche stille Wasser wie beispielsweise hier der Methorst-Teich*

Jh. Aus der Erbauungszeit hat sich im Inneren eine reich ornamentierte *Taufe* aus Kalkstein erhalten, von 1686 stammt der geschnitzte *Altar*.

Die gemütliche Kleinstadt Eckernförde breitet sich auf einer Landbrücke aus, die den See *Windebyer Noor* im Westen von der Ostsee trennt. Wahrscheinlich rührt ihr Name von Ritter Nikolaus de Ekerenvorde her, dessen *Ykernaeburgh* (Eichhörnchenburg) gegen Ende des 12. Jh. in Aufzeichnungen erwähnt wird. Doch eigentlich sollte die Stadt kein Eichhörnchen, sondern einen Hering im Wappen führen, denn Fischfang und -verarbeitung bestimmen hier seit Jahrhunderten das Leben. Sogar die **Echten Kieler Sprotten**, goldgelb geräucherte Heringsfische von knapp 15 cm Länge, kommen aus Eckernförde. Weil sie jedoch über Kiel nach Skandinavien verschifft wurden, erhielten sie ihren irreführenden Namen. Kenner verspeisen die Ostsee-Delikatesse mit Kopf und Gräten, eine Kunst, deren Beherrschung bei den

Eckernförder Sprottentagen im Sommer mit einem Diplom geehrt wird.

An jedem 1. Sonntag im Monat verwandeln sich die Kais am Hafen in einen quirligen **Fischmarkt**. Fischer verkaufen ihren Fang direkt vom Kutter. Nicht weit südlich davon überragt der markante, zylinderförmig aus rotem Backstein gemauerte **Getreidespeicher** seit 1931 das Markttreiben. Zwischen Hafen, Strandpromenade und Reeperbahn liegt die **Altstadt** mit kopfsteingepflasterten Straßen. In ihrer nördlichen Hälfte steht das **Alte Rathaus**, ein zweigeschossiger Backsteinbau aus dem 15. Jh., in dem das **Museum Eckernförde** (Di–Sa 15–17, So 10–17, Juli/Aug. Di–So 10–17 Uhr) untergebracht ist. Es dokumentiert die Geschichte der Stadt und zeigt Wechselausstellungen meist einheimischer Künstler. Die dreischiffige, spätgotische Kirche **St. Nikolai** gleich daneben wurde seit ihrer Errichtung 1450 bis zur Mitte des 18. Jh. mehrfach umgebaut und erweitert. Der 1640 von Hans Gudewerdt d. J. geschnitzte *Altar* gilt als Musterbeispiel des niederdeutschen Knorpelbarock.

Ausflüge

Südlich von Eckernförde erfreut sich der **Golfklub** von **Gut Altenhof**, einem Herrenhaus von 1728, wachsender Beliebtheit. Zwischen Golfplatz und *Meerwasserwellenbad* liegt der flach auslaufende **Stadtstrand**. Auf **Gut Hemmelmark** nordöstlich von Eckernförde ließ sich 1918 Prinz Heinrich von Preußen nieder. Der königliche Großadmiral der Kriegsmarine hatte es 1903 anstelle einer barocken Anlage im englischen Cottage-Stil erbauen lassen.

Die Halbinsel nördlich von Eckernförde bis zur Schlei nennt man **Schwansen**. Hier reihen sich zahlreiche Herrenhäuser wie Perlen an einer Kette. Einige sind Mittelpunkt landwirtschaftlicher Großbetriebe mit bis zu 2000 ha Grundfläche. Eine landschaftlich schöne Strecke führt von Eckerförde an der Bucht entlang nach **Damp**. Dabei passiert man bei Karlsminde ein mächtiges *Megalithgrab*, bevor man **Gut Damp** erreicht. Der auf einer künstlichen Flussinsel errichtete Herrensitz (Besichtigung nach Voranmeldung, Tel. 0 43 52/22 03) besticht allein schon durch seine 10 m hohe *Eingangshalle*, von der eine doppelte Freitreppe in das prachtvoll möblierte obere Stockwerk führt. Der Renaissancebau wird seit Ende des 16. Jh. von der Familie Reventlow bewohnt.

Seit 1973 existiert in der Nähe das **Ostseebad Damp**, das mit seiner überdachten Badelandschaft *Tropicana,* ausgedehnten Hotel-, Apartment-, Sport- und Rehabilitationsanlagen das ganze Jahr über zahlreiche Besucher anzieht. Zu den Höhepunkten des hiesigen Veranstaltungskalenders gehört ein internationales **Drachenfest**, das am letzten Septemberwochenende rund 100 000 Zuschauer an den Strand lockt.

Praktische Hinweise

Tel.-Vorwahl Eckernförde: 0 43 51

Information: Eckernförde Touristik, Am Exer 1, Tel. 7 17 90, Fax 62 82

›Blaue Jungs‹ – die Fernmeldeschule der Marine ist in Eckernförde beheimatet

Fast wie aus einem Bilderbuch – der alte Fischerhafen von Eckernförde bezaubert mit seinem harmonischen Ensemble aus Kuttern und Häusern

Camping

Seestern, Strandstr. 22, Schönhagen, Tel. 0 46 44/3 05, Fax 10 62. Gut ausgestatteter, hügeliger Platz im Norden von Schwansen, nahe beim breiten Strand.

Familie Heide, Strandweg 31, Kleinwaabs, Tel. 0 43 52/25 30, Fax 13 98. Komfortabler Platz am Strand, Hallenbad, Tauchschule und Diskothek.

Hotels

******Eckernförde**, Am Exer 3, Eckernförde, Tel. 7 27 80, Fax 72 781 78, Internet: www.heidehof.de. Modernes Stadthotel direkt am Kurstrand.

*** **Seelust**, Preußerstr. 3, Eckernförde, Tel. 7 27 90, Fax 7 27 91 79, Internet: www.heidehof.de. Haus am Kurstrand mit plüschigem Charme.

Ostseebad Damp Touristik, Seeuferweg, Damp, Tel. 0 43 52/8 06 66, Fax 80 89 21. Hotel- und Apartmentanlage am Strand mit Rehaklinik, Restaurants, Cafés, Diskothek, Bade- und Sportlandschaft.

Restaurants

Kiekut, Kiekut 1, Altenhof, Tel. 0 43 51/4 13 10. Landgasthof mit Blick auf die Eckernförder Bucht, im Sommer lockt ein Biergarten (Di geschl.).

Ratskeller, Am Rathausmarkt 8, Eckernförde, Tel. 24 12. Spezialitäten des gediegenen, gutbürgerlichen Restaurants sind Fisch- und Wildgerichte (Nov.–Febr. Mo geschl.).

Schlie Krog, Dorfstr. 19, Thumby/Sieseby, Tel. 0 43 52/25 31. In vielfältigen Variationen kommt köstlicher, frischer Fisch auf den Tisch.

27 Dänischer Wohld

Vom undurchdringlichen Urwald zum Geheimtipp für entspannten Urlaub.

Denschewolt (altdän. dänischer Wald) nannte man die dicht bewachsene Halbinsel zwischen Kieler Förde und Eckernförder Bucht. Erst im 13. Jh. wurden die Wälder gerodet und Felder angelegt. Später wurden große Landgüter mit Herrenhäusern eingerichtet, die noch heute die Landschaft prägen.

Die kleine Gemeinde **Gettorf** liegt im Mittelpunkt des Dänischen Wohlds. Ein *Tierpark* (tgl. 9–18 Uhr, im Winter ab 10 Uhr) mit Streichel- und Spielbereich sowie eine holländische *Windmühle* ziehen heute Besucher an. Sehenswert ist auch die Kirche **St. Jürgen** (13. Jh.). Ihr kunstvoll geschnitzter *Marienaltar* stammt aus dem frühen 16. Jh., die *Kanzel* von 1598 ist ein Hauptwerk des Schnitzers Hans Gudewerdt d. Ä.

Der Küstenabschnitt nördlich von Gettorf trägt den Namen **Schwedeneck**. Hier ragt ein spektakuläres Steilufer fast 30 m auf, die Hochfläche lädt mit lichten Buchenwäldern zu ausgedehnten Spaziergängen ein. An der Südküste ziehen sich kilometerweit feinsandige und kiesige Strände hin, die Badelustigen ebenso wie Sonnenanbetern reichlich Platz bieten. Belebter ist die Szenerie in **Strande**, nahe Kiel-Schilksee, einem Ort mit ausgezeichneten Bademöglichkeiten und großem Jachthafen.

Praktische Hinweise

Tel.-Vorwahl Gettorf: 0 43 46

Information: Verkehrsverein Gettorf und Umgebung, Alte Dorfstr. 15, Tüttendorf, Tel./Fax 35 20

Hotels

*** **Strandhotel**, Strandstr. 21, Strande, Tel. 0 43 49/9 17 90, Fax 9 17 92 10, Internet: www.strandhotel.de. Die Ausstattung mit Schiffsglocke und Spieren sorgt für maritimes Ambiente im Hotel mit Blick auf die Kieler Außenförde.

** **Land- und Gästehaus Hammerich**, Hauptstr. 3, Osdorf, 3 km östlich von Gettorf, Tel. 0 43 46/41 28 22, Fax 45 53. Gemütlicher Landgasthof mit modernen Zimmern.

28 Kiel
Plan Seite 78

Deutschlands nördlichste Landeshauptstadt zeigt Charme und maritimes Flair.

Im Sommer bieten die bunten Segel der Sportboote auf der **Kieler Förde** einen schönen Anblick. Die Ostsee ist Kiels Lebenselixier und Schicksal. Die Lage der Stadt am Endpunkt der 18 km tief ins Land eingeschnittenen Förde hat ihren Aufstieg zur maritimen **Metropole** (rund 230 000 Einw.) begünstigt, war aber auch Ursache für verheerende Zerstörungen während des Zweiten Weltkrieges.

Begabung für Marine und Finanzen

1242 ließ der Schauenburger Graf Adolf IV. auf der flutsicheren Anhöhe über dem Fördeufer die *Holstenstat tom Kyle* errichten und verlieh ihr das Stadtrecht. Die Siedlung stand zeitweise unter direkter Herrschaft der reichen Hansestadt Lübeck. Die Verleihung des Münzrechts im Jahre 1318 förderte ihre Entwicklung zu einem wichtigen Finanzplatz. Aus dem **Kieler Umschlag**, seit 1482 wichtigster Termin im Jahr, um Finanzgeschäfte abzuwickeln, ging in neuerer Zeit ein dreitägiges *Volksfest* hervor, das im Februar zahlreiche Besucher anzieht.

1665 begründete Herzog Christian Albrecht in Kiel die erste **Universität** des Landes. Nachdem ein Spross des führenden Hauses Schleswig-Gottorf in den St. Petersburger Zarenhof eingeheiratet hatte, wurde die Lokalpolitik im 18. Jh. kurzzeitig von *Katharina der Großen* mitbestimmt. Wenige Jahre nach der Übernahme Schleswig-Holsteins durch die Preußen (1867) wurde Kiels bisher eher unbedeutender Marinehafen zum **Reichskriegshafen** ausgebaut. In dieser Zeit entstanden zahlreiche Werften und Kiel blühte wirtschaftlich auf. Auch der 1895 vollendete **Kaiser-Wilhelm-Kanal**, der Brunsbüttel an der Elbmündung mit der Fördestadt verband, trug zu diesem Erfolg bei. Dramatisch hingegen waren die Folgen des **Kieler Matrosenaufstandes** von 1918. Die Weigerung der Kieler Marinesoldaten, gegen Ende des verlorenen Krieges noch einmal auszulaufen, führte zum Ende des Kaiserreiches.

Während des Zweiten Weltkrieges war die Stadt Standort von Kriegsmarine und Rüstungsfabriken und wurde im Frühjahr 1943 durch massive alliierte **Luftangriffe** fast völlig zerstört. Für weitere politische Schlagzeilen sorgte Ende der 1980er-Jahre die unrühmliche **Bespitzelungsaffäre** während des Landtagswahlkampfs, in die der ehem. Ministerpräsident Uwe Barschel (CDU) und sein Kontrahent Björn Engholm (SPD) verwickelt gewesen waren.

Wie ein Phoenix – das Zentrum

Zweckmäßigkeit, nicht Schönheit, hieß nach 1945 das Gebot der Stunde beim **Wiederaufbau** der zerstörten Stadt. Es blieben nur wenige historische Bauten erhalten und nur wenige Passagen haben heute die nördliche Dänische Straße Charakter und Charme. Andererseits ist Kiel verschwenderisch begrünt und mehr als 120 **Skulpturen** auf Plätzen und in Parks beleben das Ambiente.

Kiels **Zentrum** lässt sich gut *per pedes* erkunden, eine *Fußgängerzone* zieht sich entlang der Förde – von der Einkaufspassage Sophienhof gegenüber dem Haupt-

Oben: *Elefantentreffen der anderen Art – im Kieler Hafen sind die große Pötte unter sich*
Unten: *Der Rathausturm beherrscht als ein Wahrzeichen der Stadt den Platz vor der Oper*

bahnhof über die Holstenstraße bis zum Schloss. Empfehlenswert ist auch eine Rundfahrt auf der Förde. Die Fähranleger der *Weißen Flotte* befinden sich gegenüber dem Bahnhof.

Die **Ostseehalle** ❶ am Europaplatz stand während des Krieges noch als Flugzeughangar auf Sylt. Heute dient das schmucklose Gebäude als Konzert- und Sporthalle. Unweit davon erhebt sich das um die Jahrhundertwende erbaute **Rathaus** ❷ mit seinem 106 m hohen Turm, der dem Campanile von San Marco in Venedig gleicht. Das um drei Innenhöfe gruppierte Gebäude enthält 400 Büros und Sitzungssäle. Einige, wie z. B. das im Jugendstil gehaltene *Ratsherrenzimmer*, kann man im Rahmen einer Führung mit Turmfahrt besichtigen (Tel. 04 31/90 10).

Nicht weit vom Rathausplatz, in der Küterstr. 27, markiert übrigens eine Plakette das **Geburtshaus Max Plancks** ❸ (1858–1947). Der Naturwissenschaftler lehrte Ende des 19. Jh. an der hiesigen Universität und wurde 1918 für die Formulierung der Quantentheorie mit dem Nobelpreis für Physik ausgezeichnet. Vom Mitte des 13. Jh. erbauten **Franzis-**

kanerkloster 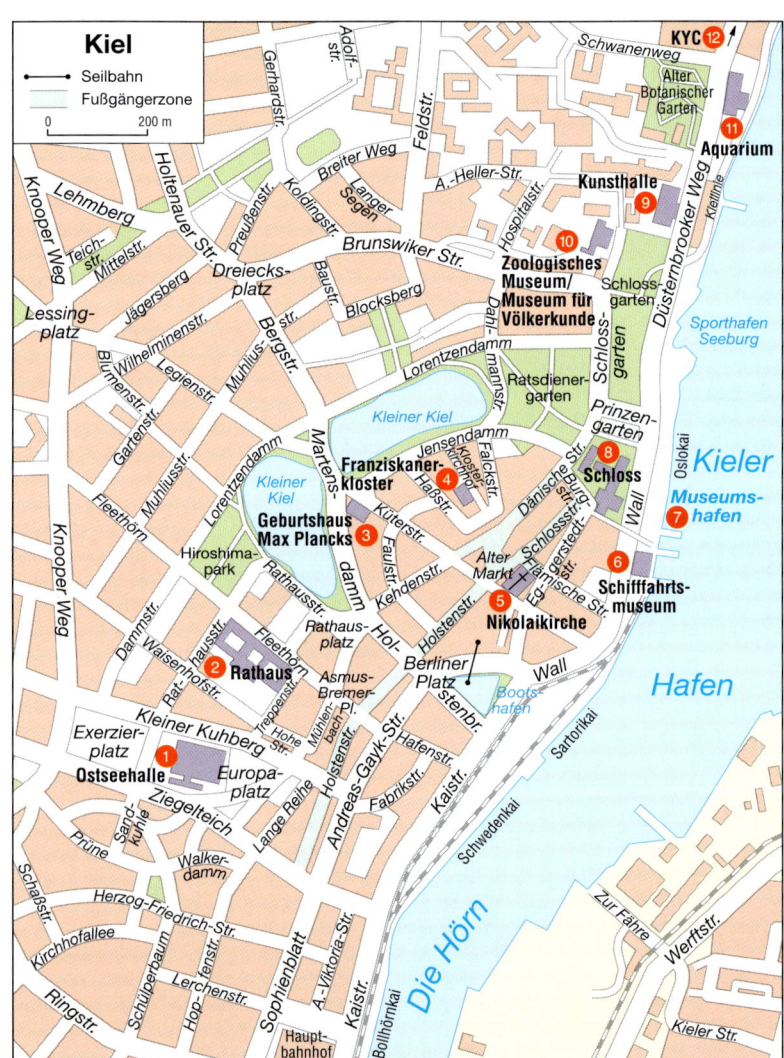 im Herzen der Altstadt sind allein der Westflügel des Kreuzganges sowie das Refektorium erhalten. Eine Grabplatte erinnert an den Stadtgründer Graf Adolf IV., der 1261 hier als Mönch verstarb. Die **Nikolaikirche** ❺ am Alten Markt, mit ihrem achteckigen Spitzhelm Wahrzeichen von Kiel, erhielt nach dem Krieg eine moderne Hülle aus Backstein. Teile des gotischen Kreuzrippengewölbes sind original, ebenso die *Bronzetaufe* (Mitte 14. Jh.) und die *Kanzel* von 1705. Vor der Kirche erhebt seit 1954 Ernst Barlachs *Geistkämpfer* das Schwert, ein bronzener Engel auf dem Rücken eines wolfsähnlichen Dämons.

Von Schloss, Kunst und Meer

Auch wer sich nur kurz in der Stadt aufhält, sollte das **Schifffahrtsmuseum** ❻ in der ehem. Fischhalle nahe der Förde besuchen (Mai–Sept. tgl. 10–18 Uhr, Okt.–April Di–So 10–17 Uhr). Es präsentiert Schiffsmodelle vom Wikingerboot bis zum Kanonenschiff, dazu Dokumente, alte Stiche, Logbücher und nautische Instrumente. Am Kai des benachbarten **Museumshafens** ❼ können Tonnenleger, Feuerlöschboot und Seenotrettungskreuzer besichtigt werden.

Von dem im 16. Jh. auf einem Hügel erbauten **Schloss** ❽ ist nur noch der

Westflügel erhalten. Er beherbergte lange als *Rantzaubau* die renommierte *Gemäldegalerie der Stiftung Pommern*, die jedoch im Mai 2000 ins Pommersche Landesmuseum von Greifswald umgezogen ist. Die ehem. Ausstellungsräume werden nach dem Umbau einer neuen Bestimmung zugeführt. Der im Krieg zerstörte Hauptbau des Schlosses wurde durch den fünfstöckigen **Neubau** (1959–69) ersetzt, hinter dessen Backsteinmauern die *Schleswig-Holsteinische Landesbibliothek* (Mo/Do 10–12 Uhr) ihren Platz gefunden hat.

Kiellinie und bald darauf **Hindenburgufer** heißt die herrliche Promenade, die von hier am Westufer der Förde entlangführt. Am parallel dazu verlaufenden Düsternbrooker Weg gelegen, zeigt die moderne **Kunsthalle** ❾ Werke des 19./20. Jh., z. B. von Emil Nolde, und eine interessante Antikensammlung.

Nebenan teilen sich in der Hegewischstraße 3 das **Zoologische Museum** und das **Museum für Völkerkunde** ❿ (beide: Di–Sa 10–17, So 10–13 Uhr) ein Gebäude. Die beiden Sammlungen gehen auf das 19. Jh. zurück, als Kieler Matrosen Kunst und Kuriositäten aus fernen Ländern mitbrachten. So findet man heute neben Vogelbälgern und exotischen Schmetterlingen auch Schmuck, Speere oder handgewebte Stoffe.

Vorbei am herrlichen *Alten Botanischen Garten* von 1669 gelangt man zur Universitätsbrücke, an der die Forschungsschiffe des **Kieler Instituts für Meereskunde** festmachen, sofern sie sich nicht gerade auf einem der sieben Weltmeere befinden. Das **Aquarium** ⓫ (April–Sept. tgl. 9–19 Uhr, Okt.–März bis 17 Uhr) des Instituts mit seinem Seehundbecken wird gern besucht.

Weiter im Norden, kurz vor dem Olympiahafen von 1936, hat das Segelschulschiff *Gorch Fock* an der *Blücherbrücke* seinen Liegeplatz, wenn es z. B. während der Kieler Woche in seinen Heimathafen kommt. Nicht weit entfernt analysiert das *Institut für Weltwirtschaft* globale ökonomische Zusammenhänge, in unmittelbarer Nachbarschaft zum **KYC** ⓬, dem heutigen *Kieler* und ehemal *Kaiserlichen Yacht Club*, der als Klubhaus eine Villa des 19. Jh. am Hindenburgufer 70 nutzt. Die vom KYC und der Stadt Kiel seit mehr als 100 Jahren veranstaltete **Kieler Woche** ist das seglerische Großereignis Nordeuropas und festlicher Höhepunkt der Sommersaison. Die Regatten werden

Shoppen, schauen und verschnaufen – im Sophienhof ist für alle diese Bedürfnisse ausgezeichnet gesorgt

seit langem auf See, nicht weit vom *Olympiahafen* von 1972 in Kiel-Schilksee an der Außenförde, gestartet.

Nördlich des Seebades Düsternbrook sowie des Sporthafens Wik und kurz vor der Holtenauer Schleuse am viel befahre-

Das Ehrenmal von Laboe erinnert an die Seeleute, die auf dem Meer geblieben sind

Welche Anmut, welche Grazie – auch bei spiegelglatter See macht der weiße Zweimast-segler als Teilnehmer der Kieler Woche eine ausgesprochen gute Figur

nen Nord-Ostsee-Kanal liegen **Kriegs-schiffe** der Bundesmarine in dem nach dem kaiserlichen Großadmiral Alfred von Tirpitz benannten Hafenbecken.

Welttreffen der Segler

Am 23. Juli 1882 war es so weit. Der Kieler Marineingenieur Saefkow hatte mit einigen Hamburger Kauf-leuten die geeigneten Sponsoren ge-funden, um die erste **Segelregatta** *mit 20 Jachten in der Kieler Bucht zu veranstalten. Prinz Heinrich von Hohenzollern (der mit der Mütze) verfolgte das maritime Ereignis von Bord des eigenen Schiffes aus. Heute werden zu dem sommerlichen Segelgroßereignis, der* **Kieler Woche**, *5000 Segler aus mehr als 30 Nationen erwartet. Auch Landratten können die Regatten an Bord von Kuttern, Fährschiffen oder alten Seglern verfolgen, die dann vor die Bucht kreuzen. Das* **kultu-relle Rahmenprogramm** *mit Kon-zerten, Ballettveranstaltungen, wis-senschaftlichen Tagungen etc. kann sich sehen lassen, Höhepunkt bleibt jedoch die große* **Windjammer-Parade** *mit mehr als 100 Schiffen, Viermastern und anderen Großseg-lern, in der Förde.*

Mächtige Schiffe anderer Art, *dicke Pöt-te*, werden im Stadtgebiet von Kiel am Ostufer der Förde gebaut und überholt. Hier dominieren in Ufernähe die ausge-dehnten Anlagen der **Howaldtswerke Deutsche Werft AG** (HDW), im Nor-den begrenzt durch die Mündung der Schwentine. Hier ragen die Betontrüm-mer des 1942 erbauten U-Boot-Kriegs-bunkers *Kilian* aus dem Wasser, der nach dem Krieg gesprengt wurde.

Ausflüge

Am östlichen Ufer der Außenförde er-hebt sich vis-à-vis des Olympiahafens Schilksee der 1927–36 errichtete, 72 m hohe und dem Bug eines Wikingerschif-fes nachempfundene Turm des **Marine-Ehrenmals Laboe**. Es gedenkt der gefal-lenen Matrosen aller Nationen. Von der *Aussichtsplattform* des Denkmals geht der Blick weit über Förde und Ostsee sowie hinunter auf den Sandstrand des beliebten **Seebades Laboe**. *U-995*, ein U-Boot aus dem Zweiten Weltkrieg, steht als technisches Museum am Strand.
Lohnend ist auch ein Ausflug zu dem 10 km südlich von Kiel gelegenen **Freilichtmuseum Molfsee** (April–Okt. Di–So 9–18 Uhr, Nov.–März So/Fei 11–16 Uhr). Seit 1961 wurden hier 60 historische Gebäu-de aus allen Landesteilen wieder aufge-baut. Man sieht alte Katen und Mühlen sowie ein Hallighaus. Besucher können

sich unter Anleitung am Lehmbau versuchen oder bei vor Ort nötigen Zimmermannsarbeiten mit Hand anlegen.

Praktische Hinweise

Tel.-Vorwahl Kiel: 04 31

Information: Touristinformation Kiel, Andreas-Gayk-Str. 31, Tel. 67 91 00, Fax 6 79 10 99, Internet: www.kiel-tourist.de

Schiff

Weiße Flotte, Tel. 5 94-12 63. Läuft mehr als ein Dutzend Anlegestellen an beiden Fördeufern an. **Color Line**, Norwegenkai, Kiel-Gaarden, Tel. 7 30 00, tgl. nach Oslo/Norwegen. **Stena Line**, Schwedenkai, Tel. 90 99, tgl. nach Göteborg/Schweden. **Langeland-Kiel Line**, Ostseekai, Tel. 97 41 50, tgl. nach Bagenkop auf dem dänischen Langeland.

Hotels

**** Maritim Bellevue, Bismarckallee 2, Kiel, Tel. 3 89 40, Fax 3 89 47 90, Internet: www.maritim.de. Gehobenes Komforthotel mit schöner Aussicht über die Förde, einsame Spitze ist das ideenreiche Restaurant.

**** Parkhotel Kieler Kaufmann, Niemannsweg 102, Kiel, Tel. 8 81 10, Fax 8 81 11 35, Internet: www.kieler-kaufmann.de. Stilvolles, efeubewachsenes Herrenhaus mit exzellentem Restaurant inmitten eines Parks.

Bruhn's Deichhotel, Dorfring 36, Stein, 2,5 km östlich von Laboe, Tel. 0 43 43/49 50, Fax 49 52 99. Geboten werden Zimmer und Apartments, Sauna, Solarium und ein Restaurant mit Probsteier Spezialitäten.

Erkenhof, Dänische Straße 12–14, Kiel, Tel. 9 50 08, Fax 97 89 65. Bodenständiges Mittelklassehotel in zentraler Lage nahe dem Schifffahrtsmuseum.

Restaurants

Drahtenhof, Hamburger Landstr. 99, Molfsee, Tel. 04 31/65 08 89. Rustikales Lokal des Freilichtmuseums in einer Bauernstube des 18. Jh. Zu essen gibt es Traditionelles wie z. B. Holsteiner Schinkensuppe.

Galerie Club 68, Ringstr. 68, Kiel, Tel. 6 17 39. *Dat kesselt* – Stammlokal von Rötger Feldmann, Schöpfer der Comic-Kultfigur ›Werner‹.

Lüneburg-Haus, Dänische Str. 22, Tel. 9 82 60 00. Regional orientierte Bistro-Küche vom Feinsten (So/Mo geschl.).

Petersens Restaurant & Café, Kiel-Schilksee, Tel. 37 17 17. Beliebter Treffpunkt am Olympiahafen mit Blick auf die Außenförde mit Segelschiffparade.

September, Alte Lübecker Chaussee 27, Kiel, Tel. 68 06 10. Kulinarische Hochgenüsse mit Klassikern der heimischen Küche. Mit hübscher Gartenterrasse.

29 Rendsburg

Alte dänische Festung und Hauptstadt des Nord-Ostsee-Kanals.

Schon die mittelalterlichen *Reinholdsburg* lag strategisch günstig am Kreuzungspunkt des nordsüdlichen Heer- und Ochsenweges mit der Ost-West-Passage auf der Eider. Die um sie entstandene Siedlung erhielt in der Mitte des 13. Jh. lübisches Stadtrecht, litt aber immer wieder unter Überfällen von Deutschen, Schweden und Dänen. Letztere errichteten im 16. Jh. **Neuwerk**, eine mächtige Festung im Süden der Altstadt von Rendsburg, und schufen damit die damals zweitwichtigste dänische Trutzburg nach Kopenhagen.

Die Stadterkundung beginnt am zentralen, kopfsteingepflasterten **Neuwerker Paradeplatz ❶**, von dem aus fünf Straßen strahlenförmig nach Süden wegführen. Zwischen Prinzen- und Königinstraße schimmert der von einer Zwiebelhaube bekrönte Glockenturm der

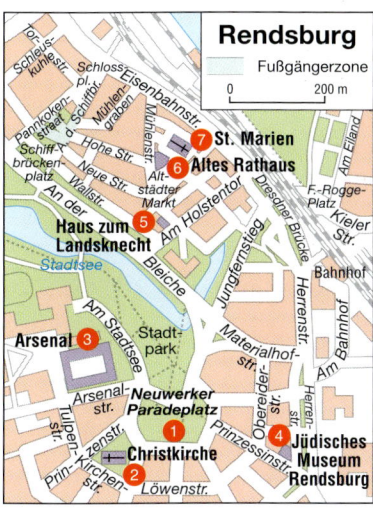

81

Bemerkenswert ist das offene Glockenspiel in den Giebeln des Alten Rathauses

barocken **Christkirche** ❷ in warmem Backsteinrot. Im lichten Innenraum des einschiffigen Gotteshauses fällt der reich verzierte *Schnitzaltar* (1662/63) von Johann Steinell auf. Auch die Anfang des 18. Jh. entstandene *Orgel* zeigt überschwängliche Barockschnitzereien.

Das 1697 nördlich der Kirche errichtete dreiflügelige **Arsenal** ❸ der Garnison wurde um 1740 erweitert und 1988 durch

Mit der Schwebefähre unterhalb der Eisenbahnbrücke gelangen Autos und Fußgänger über den Nord-Ostsee-Kanal

einen Neubau mit Stahl und Glas ergänzt. Das Ensemble beherbergt heute das Kulturzentrum Rendsburgs mit **Historischem Museum** und **Norddeutschem Druckmuseum** (Di–Fr 10–12 und 15–18 Uhr, Sa/So 10–13 und 14–17 Uhr). Ersteres widmet sich via Modellen und Urkunden der Stadtgeschichte und Schiffahrt, Letzteres stellt anschaulich die Geschichte der Druckkunst dar. Im Osten des Paradeplatzes lohnt das **Jüdische Museum Rendsburg** ❹ (Di–So 12–17 Uhr) einen Besuch. Im Anfang der 1970er-Jahre restaurierten Dr.-Bamberger-Haus von 1844, der ehem. Synagoge, belegt es den Werdegang der jüdischen Gemeinde und zeigt Werke jüdischer Künstler aus Vergangenheit und Gegenwart.

Auf dem Jungfernstieg schlendert man am Stadtpark vorbei zur **Altstadt**. Bejahrte Fachwerkhäuser säumen die winkligen Gassen. In der Schleifmühlenstraße 2 steht z. B. das giebelgeschmückte **Haus zum Landsknecht** ❺ von 1541, auf dessen Fachwerkfassade man noch den Wunsch lesen kann ›*Vredelik keret in – vroelik gaht ut*‹ (›*Friedlich kehrt ein – fröhlich geht 'raus*‹). Auch das **Alte Rathaus** ❻ am Altstädter Markt zieht mit seinen Stufengiebeln und weißen Blendarkaden die Blicke auf sich. Eine Wappentafel trägt das Datum 1566, in seiner heutigen Form entstand das Rathaus jedoch erst Anfang des 20. Jh.

Stolze 140 m überspannt die Eisenbahnhochbrücke den Nord-Ostsee-Kanal ganz ohne Zwischenpfeiler

Die nahe gelegene dreischiffige Kirche **St. Marien** ⑦ mit dem niedrigen Westturm geht auf eine Gründung im 13. Jh. zurück. Hinter ihren Ende des 19. Jh. neogotisch veränderten Backsteinmauern verbergen sich erlesene Kostbarkeiten, wie z. B. die prächtige *Bronzetaufe* aus dem 14. Jh. Aufwendige *Grabmäler* (16.–18. Jh.) schmücken die Hallenwände, die Gewölbe wurden im 14. Jh. mit Fresken ausgemalt. Der eigentliche Blickfang ist jedoch der spätmanieristische **Hauptaltar** von 1648/49. Figurengruppen und Reliefs flankieren auf fünf Ebenen das Letzte Abendmahl und die Wunder Moses' beim Auszug aus Ägypten. Seitlich sind Szenen von der Opferung Isaaks bis zur Taufe Jesu dargestellt, die in der Auferstehung Christi gipfeln.

Wer auf der Rader Autobahn-Hochbrücke über den Nord-Ostsee-Kanal fährt, kann die 68 m aufragende und den Schiffen eine lichte Höhe von 42 m einräumende **Eisenbahnhochbrücke** ausmachen. Sie wurde bei ihrer Einweihung 1913 zu Recht als Meisterwerk der Technik gerühmt. Eine einzigartige *Schwebefähre* an der Unterseite der spektakulären Stahlkonstruktion transportiert noch heute Autos und Passagiere über den Kanal.

Praktische Hinweise

Tel.-Vorwahl Rendsburg: 0 43 31

Information: Tourist-Information Nord-Ostsee-Kanal, Altes Rathaus, Altstädter Markt, Tel. 2 11 20, Fax 2 33 69

Schiff

Personenschifffahrt Rendsburg, Tel. 2 40 35. Ausflugsfahrten auf der Eider und dem Nord-Ostsee-Kanal.

Hotels

*** **Hansen**, Bismarckstr. 29, Tel. 5 90 00, Fax 2 16 47, Internet: www. hotelhansen.de. Traditionelles, gediegenes Haus mit gutbürgerlichem Restaurant.

*** **Pelli-Hof**, Materialhofstr. 1, Tel. 2 22 16, Fax 2 38 37, Internet: www. www.pelli-hof.de. Der historische Stadtpalast von 1722 diente dem Festungsbaumeister Domenico Pelli als Domizil. Entsprechend stilvoll übernachtet man hier. Mit empfehlenswertem Restaurant.

30 Naturpark Westensee

Herrensitze und Ferienfreuden auf dem Lande um Mittelholsteins Seen.

Den größten Teil des durch die Städte Kiel, Rendsburg und Neumünster mar-

Selten empfängt man auf Gut Emkendorf so viele Gäste wie während des Musikfestivals

kierten Dreiecks nimmt der 260 km² große Naturpark Westensee ein. Ausgedehnte Mischwälder überziehen das durch Gletschermoränen der letzten Eiszeit entstandene, hügelige Gebiet, das von zahlreichen Seen geprägt wird. Mit 7 km² Fläche ist der namengebende, von der Eider gespeiste **Westensee** im Nordosten des Landschaftsschutzgebietes der größte, daran schließen sich kleinere Gewässer wie *Warder-, Brahm-, Borgdorfer-* und *Pohlsee* an. Ihre oft schilfbewachsenen Ufer bieten idyllische Badeplätze, ausgewiesene Bereiche sind den hier zahlreichen Vogelarten als Brutplätze vorbehalten.

Die abwechslungsreiche Region, mit Feldern und Weiden, Wäldern und Mooren, wird von 250 km markierten **Wanderwegen** durchzogen. Besonders schön ist der Gang auf den 88 m hohen **Tüteberg** südlich des Dorfes Westensee. Oben trafen sich vor rund 2000 Jahren Germanen zum *Thing*, also zu Beratungen und Gerichtssitzungen.

Im Naturpark liegen aber auch repräsentative Herrenhäuser. Das wohl bekannteste ist **Gut Emkendorf** zwischen Westensee und Rendsburg. Die klassizistische Anlage entstand 1789–1816 aus

einem bescheideneren Vorgängerbau als Wohnsitz des *Grafen Fritz Reventlow* und seiner Frau Julia (geb. Schimmelmann). Bald avancierte das axialsymmetrisch angelegte Herrenhaus zu einem kulturellen Zentrum; namhafte Dichter, Denker und Staatsmänner trafen sich hier zu Gesprächszirkeln. Der eindrucksvolle Bau befindet sich nach wie vor in Privatbesitz, steht aber für Konzerte des *Schleswig-Holstein Musikfestivals* zur Verfügung (Tel. 04330/994690).

Praktische Hinweise

Information: Fremdenverkehrsverein Naturpark Westensee, Rathaus, Nortorf, Tel. 04392/89620, Fax 89611

Restaurants

Beckmanns Gasthof, Dorfstr. 16, Achterwehr, Tel. 04340/4351. Die hier kredenzten Klassiker wie Karpfenklöße, Entenbrust oder Saueraal sind unbedingt einen Abstecher wert.

Zur Linde, Schierensee, Tel. 04347/3337. Gemütliches Gasthaus mit frisch zubereiteten Gerichten je nach Saison. Nette Sommerterrasse.

31 Neumünster

Verkehrsknotenpunkt mit Tradition am Rande eines idyllischen Naturparks.

Von Norden nach Süden trieben Bauern ihre Ochsen zum Viehmarkt nach Wedel, entlang der Lübschen Trade brachten Kaufleute ihre Waren von der Ost- zur Nordsee. Kein schlechter Ort für eine mittelalterliche **Wehrburg** und Siedlung. Ihr Name geht auf das Jahr 1127 zurück, als Erzbischof Adalbert den Priester Vicelin beauftragte, die Holsten seelsorgerisch zu betreuen und die slawischen Wagrier zum rechten Glauben zu bekehren. Um seine Missionsstation entstand bald ein **Augustinerkloster** und bereits gegen Ende des 12. Jh. nannte man die benachbarte Siedlung *Novum Monasterium*, Neumünster. Tuchmacher und Leder verarbeitende Handwerker siedelten sich seit dem frühen 17. Jh. in dem regen Marktflecken an. Richtig bergauf ging es aber erst im 19. Jh., als sich Neumünster zu einem **Eisenbahnknotenpunkt** entwickelte. Noch heute stre-

Eine Scheune als Konzertsaal? Warum nicht, es hat Atmosphäre und die Akustik stimmt

Musik liegt in der Luft

In der Reetdachscheune des Gutes Hasselburg bei Neustadt erfreuen sich einige Hundert Besucher an der gekonnten Darbietung der Ouvertüre zu Mozarts ›Le Nozze de Figaro‹, auf dem Gelände der HDW-Werft in Kiel singt der Männerchor von Bayer-Leverkusen, begleitet von der Slowakischen Philharmonie, Chöre aus verschiedenen Opern unter freiem Himmel, die harten Bänke der St. Nikolaikirche in Wyk auf Föhr sind dicht besetzt vor dem Konzert mit Mendelssohns Streichquartett Nr. 3, im Deutschen Haus zu Flensburg dirigiert Justus Frantz die Philharmonie der Nationen. Der Pianist **Justus Frantz** *war es auch, der mit einer Gruppe Gleichgesinnter* **1986** *das erste Sommerfestival für klassische Musik in Schleswig-Holstein aus der Taufe hob und mit weltbekannten Künstlern wie Leonard Bernstein oder Yehudi Menuhin sowie ungewöhnlichen Spielorten sofort zu einem Publikumserfolg machte. Heute strömen mehr als 150 000 Besucher von Mitte Juli bis Ende August zum* **Schleswig-Holstein Musikfestival** *in die Konzertsäle und Kirchen, Scheunen und Herrenhäuser. Das Publikum genießt die großen Konzerte und die Musikfeste auf dem Lande, die Abschlussabende der sommerlichen* **Meisterkurse**, *in denen talentierte Studenten jeweils unter Leitung weltbekannter Solisten arbeiten, sowie die Proben und Auftritte der noch von Leonard Bernstein (1918–1990) gegründeten* **Orchesterakademie**, *die in der Scheune des schon legendären Gutes Salzau am Selenter See probt und nach Abschluss des Festivals auf Welttournee geht* [Information: s. S. 136].

TOP TIPP

ben sechs Eisenbahnstrecken sternförmig auf die Stadt zu.

Das historische Erscheinungsbild Neumünsters wurde durch den Krieg zerstört, erhalten sind nur einige Bürgerhäuser des 18./19. Jh. in der Altstadt. Die dunklen Zeiten überdauerte auch die klassizistische, 1834 südlich des Sees aus gelbem Klinker erbaute **Vizelinkirche**. Ihr massiger Viereckturm mit der kleinen Kuppel wurde zum Wahrzeichen der Stadt. Der Innenraum der Saalkirche ist schlicht, geschmückt wird er von einer *Kreuzigungsgruppe* aus dem 16. Jh.

Östlich der Kirche erstreckt sich **Großflecken**, der längliche Hauptplatz Neumünsters. Hier stehen mehrere Gebäude aus der Gründerzeit, z. B. das neogotische **Rathaus** (1898–1900) am Südende. Mit seinen Giebelchen und Aufsätzen wirkt der wuchtige, dreigeschossige Backsteinbau geradezu verspielt. Ein weiteres Beispiel fantasievoller Backsteinarchitektur liefert die reich mit Glasurziegeln, Simsen und Lisenen gegliederte Fassade der **Anscharkirche**. Sie wurde 1910–13 von Hans Ross im Jugendstil erbaut. Auch der *Offenbarungsaltar* von Otto Flath in ihrem Inneren stammt aus dem frühen 20. Jh.

Am westlichen Rande des Stadtparks gibt das **Textilmuseum** (Mo–Fr 8–16, So 10–13 Uhr) einen Überblick über diesen für Neumünster so bedeutsamen Gewerbezweig. Die Sammlung stellt Webtechniken und Spinnverfahren von der Eisenzeit bis heute vor.

Wenig bekannt ist Neumünsters Verbindung zu Rudolf Dietzen, besser bekannt unter dem Pseudonym **Hans Fallada** (1893–1947). Der Sohn eines preußischen Reichsgerichtsrates hatte mehrere Jahre in Neumünster gelebt und seine Erfahrungen als Häftling in Gefängnis der Stadt, als Mitarbeiter des Verkehrsvereins und des lokalen *General-Anzeigers* später in Berlin literarisch zu Romanen wie *Bauern, Bonzen und Bomben* oder *Wer einmal aus dem Blechnapf frisst* verarbeitet.

Ausflüge

Nur wenige Kilometer westlich von Neumünster beginnt der 350 km^2 umfassende **Naturpark Aukrug**. Die von Teichen aufgelockerte Landschaft mit Heide, Wiesen und Feldern zieht viele Urlauber an, denen an einer beschaulichen Umgebung gelegen ist. Besonders schön ist es hier, wenn im August die Erika in voller altrosa Blüte durch das Grün lichter Birkenwälder schimmert. Das **Heimatmuseum Dat ole Hus** (Sa/So/Fei 14–18 Uhr), untergebracht in einem historischen Fachhallenhaus von Aukrug-Bünzen, dokumentiert die Lebensumstände der Landbevölkerung des 18. und 19. Jh.

Praktische Hinweise

Tel.-Vorwahl Neumünster: 0 43 21

Information: Touristinformation, Großflecken 34 a, Neumünster, Tel. 4 32 80, Fax 4 32 91. – Fremdenverkehrsverein Naturpark Aukrug, Bargfelder Str. 10, Aukrug, Tel. 0 48 73/9 99 44, Fax 9 99 99

Hotel

*** **Seelust**, Seelust 6, Hennstedt, Naturpark Aukrug, Tel. 0 48 77/6 77, Fax 7 66, Internet: www.seelust.de. Landhotel mit ›Entspannungsgarantie‹ und vorzüglicher regionaler Küche.

Restaurants

Blechnapf, Gartenstr. 10, Tel. 4 44 11. Leichte Bistro-Küche auf hohem Niveau.

Hof Bucken, B 430, Aukrug-Bucken, Tel. 0 48 73/2 09. Ausflugslokal im Naturpark mit Spielplatz. Deftige Tagesgerichte wie Matjes mit Bratkartoffeln.

32 Bad Segeberg

Unter Geiern im Llano Estacado – Ferienland rund um den Kalkberg.

Seit 1952 fesseln jeden Sommer die **Karl-May-Festspiele** im Freilichttheater am Kalkberg Zehntausende von Zuschauern mit den Geschichten um die Helden Winnetou und Old Shatterhand. Die in Jahrtausenden durch Sickerwasser ausgewaschenen **Gipshöhlen** im Berg wurden 1913 durch Zufall entdeckt. Ein 800 m langer Abschnitt der Höhle lässt sich während der Sommermonate im Rahmen einer Führung erwandern. Die *Sole*, die Segeberg 1924 zum **Kurort** aufsteigen ließ, wird aus 150 m Tiefe nach oben gepumpt, um in Zusammenarbeit mit der gesunden Luft bei Haut-, Bronchial- und Gelenkerkrankungen zu helfen.

Von den Anfängen der Stadt, der *Siegeburg* (12. Jh.) auf dem Bergipfel, ist nur noch ein einsamer Brunnen erhalten. Der heutige Kalkberg ist durch Gipsabbau übrigens von 110 m auf 91 m Höhe ge-

Das stört doch keinen großen Geist – Karl May hat den Wilden Westen nie gesehen und Bad Segeberg war nie Schauplatz der Begegnung von Winnetou und Old Shatterhand – und doch ist die Faszination dieser Kulissen ungebrochen

schrumpft. Trotzdem bietet sich von oben ein herrlicher **Blick** auf die Stadt, den Oberlauf der Trave und eine sanfthügelige Seenlandschaft mit weitläufigen Wäldern wie dem **Segeberger Forst**.

Einen Besuch lohnt auch **St. Marien** im Zentrum, die im 13. Jh. als Kirche einer Augustinerabtei entstand. Im dreischiffigen Innenraum ist der *Schnitzaltar* von 1515 mit Passionsreliefs und zentraler Kreuzigungsgruppe sehenswert, sowie das Triumphkreuz (ca. 1500) und die säulengetragene Emporenkanzel (1612).

Im Norden der Stadt zeigt die **Villa Flath** in den umgestalteten Wohn- und Arbeitsräumen des Holzbildhauers und Malers Otto Flath (1903–1987) Skulpturen, Altarschnitzereien und Aquarelle des Künstlers. Die ebenfalls hier eingerichtete **Städtische Kunsthalle** (April–Okt. Di–Fr 10–17 Uhr, Sa/So 14.30–17 Uhr, Nov.–März Di–So 14.30–17 Uhr) bietet Wechselausstellungen vor allem norddeutscher Künstler.

Praktische Hinweise

Tel.-Vorwahl Bad Segeberg: 0 45 51

Information: Tourist- und Kurinformation Bad Segeberg, Oldesloer Str. 20, Tel. 9 64 90, Fax 96 49 15

Hotel

**** Vitalia Seehotel, Am Kurpark 3, Bad Segeberg, Tel. 80 28, Fax 8 02 98 88, Internet: www.vitaliaseehotel.de. Zimmer und Apartments mit Seeblick sowie Beautyfarm zum Sich-verwöhnen-lassen.

Restaurants

Gasthof am See, Seestr. 25, Warder, Tel. 0 45 59/18 90. Das gemütliche, hochpreisige Lokal bietet köstlich zubereitete Fisch- und Wildgerichte.

Pronstorfer Krug, Pronstorf, Tel. 0 45 53/2 50, Fax 3 36. Rustikaler Landgasthof am Ostufer des Wardersee mit ideenreichen Menüs.

Holsteinische Schweiz und Umgebung – grüne Hügel, weiße Strände

Die sanft gewellte Bilderbuchlandschaft zwischen Kieler Förde und Lübecker Bucht gehört zu den beliebtesten **Urlaubsgebieten** in Schleswig-Holstein. Von dicht belaubten *Knicks* begrenzte Felder wechseln sich ab mit wunderschönen *Buchenwäldern* sowie mehr als 200 Seen und Teichen. Dazwischen liegen sehenswerte Kleinstädte wie **Preetz** oder **Lütjenburg**, immer wieder erwecken stattliche Herrenhäuser wie **Gut Panker** die Neugier des Reisenden. Und an der **Ostseeküste**, zwischen Schönberger und Weißenhäuser Strand, locken hellsandige Ufer ebenso wie wildromantische Steilküsten. Der Vergleich mit der 1000 km entfernten Berglandschaft geht übrigens auf die Idee eines Eutiner Hoteliers zurück, der seinen Gasthof 1885 werbewirksam **Hotel zur Holsteinischen Schweiz** nannte. Trotz ihres Namens kann die Gegend südlich von Kiel freilich nicht mit hochaufragenden Alpengipfeln aufwarten, wohl aber mit dem nördlichsten Schlepplift Deutschlands auf den immerhin 168 m hohen **Bungsberg** bei Schönwalde.

Vor mehr als 1000 Jahren zog sich der durch Burgen gesicherte **Limes Saxoniae** zwischen der heutigen Kieler Förde und Hamburg hin. Der längst zerfallene Steinwall grenzte das Siedlungsgebiet der Sachsen und den Einflussbereich des Frankenreichs Karls des Großen im Westen gegen die slawischen *Abodriten* ab, die von der Ostseeinsel **Fehmarn** bis in das Gebiet des heutigen Mecklenburg hinein siedelten. Nach den aus dem Osten zugewanderten *Wagriern*, die ab dem 7. Jh. ihre Dörfer zwischen der Lübecker Bucht und der Mündung der Schwentine bei Kiel errichteten, heißt dieser Landstrich noch heute Wagrien.

33 Preetz

Von Klosterdamen und Schusterjungen.

Der Ortsname leitet sich von der wendischen Bezeichnung *po rece* ab, was ›am Fluss‹ bedeutet und sich auf die Lage der Siedlung bezieht, die bereits im 11. Jh. an einer Furt des Flüsschens Schwentine zwischen *Lanker-* und *Postsee* entstanden war. Bedeutung erlangte Preetz aber erst durch das um 1260 an seinem nordwestlichen Stadtrand errichtete **Benediktinerinnenkloster**. Direkt an der belebten B 76 gelegen, bildet der von einer Mauer umgebene Konvent mit seinen kopfsteingepflasterten Straßen und den schmucken Wohnhäuschen eine Welt für sich. Hier lebten bis zu 70 adlige, unverheiratete Damen. Sie schliefen keinesfalls in kargen Zellen, sondern residierten standesgemäß in schmucken **Konventua-**linnenhäusern. In verschiedenen Baustilen, mit Fachwerk- ebenso wie mit barocker Fassade, entstanden diese im 16.–19. Jh. rings um den Klosterhof. Die Anlage befindet sich seit der Reformation in Privatbesitz, einige der Häuser werden nach wie vor kraft traditioneller Rechte bewohnt.

Mittelpunkt des ausgedehnten Komplexes ist die 1325–40 erbaute dreischiffige **Klosterkirche** (Führungen 15. Mai – 15. Sept. tgl. 15 Uhr, Di/Mi auch 11 Uhr). Neben barocken und gotischen *Altären* – in der Apsis ein Meisterwerk des nordischen Knorpelstils, 1656 von Hans Gudewerdt d. J. aufwendig geschnitzt – sowie einer *Renaissancekanzel* gilt das gotische *Chorgestühl*, bemalt mit Szenen aus dem Alten und Neuen Testament, als ihr bedeutendstes Kunstwerk.

◁ *See und Wassergräben umgeben das romantische Schloss Eutin*

Der riesige Landbesitz des Klosters erstreckte sich nördlich von Preetz bis an die Ostseeküste. Die milde Gutsherrschaft förderte den allgemeinen Wohlstand, seit dem 14. Jh. florierten Handwerk und Gewerbe in der Region. Vor allem Schuhe und Stiefel aus Preetz genossen einen hervorragenden Ruf. Daran erinnert am zentralen Feldmannsplatz noch heute ein bronzener **Schusterjunge**, der ein Paar hochschaftige *Wadenstevelen* über seine linke Schulter geworfen hat. Am letzten Samstag im Mai begeht man das **Schusterfest**, bei dem neben der Demonstration traditioneller Handwerkstechniken auch das leibliche Wohl nicht zu kurz kommt.

Das ganze Jahr über kann man dem **Circus-Museum** (Mühlenstr. 14, Sa 15–18 Uhr, So 10–12 und 15–18 Uhr, April–Aug. zusätzlich Mi 17–20 Uhr) nahe dem Marktplatz einen Besuch abstatten. In dem unauffälligen Privathaus wird zwar keine Zirkusluft konserviert, die vielen Kostüme, Plakate, Requisiten und Fotos vermitteln jedoch einen lebendigen Eindruck von der besonderen Atmosphäre in der Manege.

Ausflug

10 km nordöstlich von Preetz liegt der fischreiche **Selenter See**, mit 2300 ha Wasserfläche nach dem Plöner See das zweitgrößte Binnengewässer Schleswig-Holsteins. Teile sind für Windsurfer und Segler ausgewiesen. Das Nordufer des Sees steht unter Naturschutz.

Praktische Hinweise

Tel.-Vorwahl Preetz: 0 43 42

Information: Fremdenverkehrsverein Preetz, An der Mühlenau 5, Tel. 22 07, Fax 56 98

Hotel
*** **Landhaus Hahn**, Am Berg 12, Schellhorn, 1 km östlich von Preetz beim Scharsee, Tel. 8 60 01, Fax 8 27 91, Internet: www.landhaus-hahn.de. Behagliches Hotel mit modernem Komfort.

Versteckt liegt die Klosterkirche im Zentrum des alten Benediktinerinnenkonvents von Preetz. Ein barockes Glockentürmchen krönt als Dachreiter das charakteristische, weit herabgezogene Walmdach

Am südlichen Ende der Plöner Prinzeninsel kann man sich in dem bodenständigen Lokal ›Niedersächsisches Bauernhaus‹ beim Fähranleger stärken und erholen

Restaurant

Zur Wildente, Schlesen, 10 km nördlich von Preetz beim Dobersdorfer See, Tel. 0 43 03/3 38. Gemütliche Atmosphäre im Gasthof von 1857. Köstlich sind die hiesigen Spezialitäten wie überbackene Gänsekeule oder Aal in Sauer, d. h. in Aspik (Mo geschl.).

34 Plön

Die einstige herzogliche Residenz ist für Wassersport und Natur bekannt.

Bekrönt von drei schiefergedeckten Zwiebeltürmchen ist die imposante weiße Fassade des *Plöner Schlosses* schon aus der Ferne sichtbar. Erst beim Näherkommen tauchen dagegen die Dächer des reizenden Städtchens Plön selbst aus dem Grün der Baumwipfel auf. Entlang schmaler Gassen, hier *Twieten* genannt, drängen sich historische **Fachwerk-** und **Backsteinhäuser** auf dem schmalen, bizarr geformten Stückchen Land, das von einem halben Dutzend Seen beinahe vollständig umschlossen wird. Im Süden beispielsweise erstreckt sich der bis zu 60 m tiefe **Große Plöner See**, mit 30 km^2 Ausdehnung das größte Binnengewässer des Bundeslandes. Er ist ein Paradies für

Wassersportler und Badeurlauber, und auch Angler kommen auf ihre Kosten. Immerhin gelten die hiesigen Maränen und Aale als Spezialität.

Nicht weniger als 20 Inseln liegen in dem See verstreut. Die größte heißt **Olsborg**, ›Alte Burg‹, ein anderer Name für die hölzerne Festung *Plune*, in deren Schutz die Siedlung im 12./13. Jh. entstand. 1632 sah sich Plön sogar als Kapitale des winzigen Herzogtums Schleswig-Holstein-Sonderburg-Plön. Als angemessenen Herrschaftssitz ließ *Herzog Joachim Ernst* 1636 in exponierter Lage auf dem Bischofshügel über Städtchen und Seen das dreiflügelige **Plöner Schloss** im Stil der Spätrenaissance bauen. Von seiner Terrasse genießt man noch heute einen herrlichen **Fernblick** über die Seenlandschaft und bewaldete Ufer. Das Innere des Schlosses ist jedoch nicht frei zugänglich, denn es beherbergt heute eine Mädchenschule mit Internat.

Die herrliche Lage beeindruckte auch Dänenkönig Christian VIII., der das Schloss Mitte des 19. Jh. als Sommerresidenz erwählte. Ab 1868 drillte die preußische Armee in der Anlage ihre Kadetten, zu denen 1896–1910 auch zwei Söhne Kaiser Wilhelms II. gehörten. Sie

wohnten standesgemäß im **Prinzenpalais**, einem Rokoko-Bau (18. Jh.) westlich des Schlosses und mitten im englischen Park. 1933–45 nutzte die NSDAP das Plöner Schloss als Nationalpolitische Erziehungsanstalt.

Nach den beiden Kadetten ist übrigens auch die lang gezogene **Prinzeninsel** im Süden der Stadt benannt, die noch heute den Hohenzollern gehört. Ein schöner Spaziergang führt über die wald- und schilfreiche Halbinsel. Den Rückweg nach Plön kann man mit dem Schiff antreten, an der Südspitze befindet sich eine Fährstation.

Es lohnt sich, am nördlichen Fuß des Schlosshügels über den **Friedhof** zu schlendern, der die Ende des 17. Jh. aus Fachwerk und mit einem hölzernen Glockenturm errichtete **Johanniskirche** rahmt. Hier wurden Schlossbedienstete bestattet, die Grabinschriften geben Einblicke in deren Lebensschicksale.

Gegenüber beherbergt das klassizistische *Herzögliche Witwenpalais* mit dem hohen Walmdach das **Kreismuseum** (Mai–Sept. Di–Sa 10–12 und 15–18 Uhr, So 15–18 Uhr, sonst kürzer). Es führt in die Kunst der Glasbläserei ein und zeigt weitere, z. T. archäologische Exponate zur Geschichte der Region. Auch die Einrichtung der einst in diesem Haus untergebrachten *Alten Apotheke* von 1842 ist anschaulich präsentiert.

Ausflüge

Östlich von Plön, wo der Große Plöner in den Höft- bzw. Behler See übergeht, stand bis ins 18. Jh. eine Zollstation mit dem sprechenden Namen **Fegetasche**. Heute lädt an dieser Stelle ein Fähranleger zu einer Bootsfahrt ein, und man gelangt – mit dem Schiff oder zu Fuß – weiter nach Malente und Eutin.

Reizvoll ist auch ein Abstecher nach Süden ins rund 5 km entfernte **Bosau**. Der malerisch am Seeufer gelegene Luftkurort ist reich an Fachwerk- und Backsteinbauten aus dem 12.–19. Jh. Besonders stolz ist man auf die kleine romanische **Peterskirche**, die 1150 aus Feldsteinen über dem Seeufer errichtet wurde. Das weiß verputzte Gotteshaus mit dem niedrigen Viereckturm ist eines der ältesten des Landes und zeigt im *Inneren schöne* gotische Wandmalereien und einen spätgotischen geschnitzten Flügelaltar. In dieser Kirche wirkte im 11. Jh. Missionsbischof Vicelin und rund 100 Jahre später Pfarrer Helmold von Bosau, der Verfasser der Slawenchronik *Chronica Slavorum*.

◁ *Die Abendstimmung erhöht noch den Reiz des zauberhaften Plöner Schlosses. Im Osten überragt der Turm der im 19. Jh. in neoromanischem Stil erbauten Nikolaikirche Marktplatz und Stadt Plön*

Internet: www.hotel-touristic.de. Stilvolles Haus auf der Landbrücke zwischen Großem Plöner und Schöhsee. Mit Liegewiese und Caféterrasse.

Restaurants

Fischerkate, Am Seglerhafen, Plön, Tel. 98 59. Leckere Fischgerichte, Spezialität sind Maränen aus dem Plöner See (Do/Fr geschl.).

Niedersächsisches Bauernhaus, Prinzeninsel, Plön, Tel. 36 70. Schmackhafte, deftige Gerichte in rustikalem Lokal nahe der Südspitze der Halbinsel.

35 Bad Malente-Gremsmühlen

Kalte G(r)üsse von Pfarrer Kneipp.

Das früher Gremsau genannte Flüsschen *Schwentine* verbindet Keller- und Dieksee und grenzte bis ins 20. Jh. die beiden Orte Malente und Gremsmühlen voneinander ab. An ihrem Lauf wird schon 1280 eine bischöfliche mit Schankrechten ausgestattete Wassermühle, die **Gremsauer Mühle**, erwähnt. Mittlerweile sind die beiden Siedlungen Malente und Gremsmühlen zu einem **Doppelort** zusammengewachsen, in dessen Umgebung lichte Buchenwälder und mehr als ein Dutzend Seen zu erholsamen Wanderungen und anregendem Wassersport einladen. Die Landschaft scheint sportlichen Unternehmungsgeist zu beflügeln, immerhin unterhält der DFB in Malente eine **Sportschule** für Fußballstars und solche, die es werden wollen.

Mit großem Interesse nahm man Anfang des 20. Jh. in Malente die Lehren des *Pfarrers Sebastian Kneipp* auf. Er vertraute auf die Heilkraft des Wassers, das mit verschiedenen Anwendungen von Güssen und Wechselbädern bis zu barfüßigem Tautreten die Selbstheilungs- und Abwehrkräfte des Körpers aktivieren soll. Seit 1955 darf sich Malente-Gremsmühlen offiziell **Kneippbad** nennen. 1996 avancierte es gar zum **Heilklimatischen Kurort**, dessen gepflegte Uferpromenade und 6 ha großer Kurpark zum Flanieren einladen.

Praktische Hinweise

Tel.-Vorwahl Plön: 0 45 22

Information: Tourist-Info Plön, Schwentinehaus, Tel. 5 09 50, Fax 50 95 20

Schiff

Plöner Motorschifffahrt, Plön, Tel. 67 66. *Große Rundfahrt* auf dem Plöner See. Sehr schön ist auch die romantische *5-Seen-Rundfahrt*, die von der alten Zollstation Fegetasche in mehreren Etappen über Höft-, Behler-, Diek-, Langen- und Edebergsee nach Bad Malente-Gremsmühlen, Sielbeck und Fissau führt.

Camping

Naturcamping Spitzenort, Ascheberger Str. 76, Plön, Tel. 27 69, Fax 45 74. Beschattetes Wiesengelände am Großen Plöner See mit mehreren schönen Badeplätzen und Sporthalle.

Hotels

*** **Flügelhaus**, Kieler Kamp 19, Plön, Tel./Fax 66 69. Gepflegtes Ferienidyll in ruhiger Gartenanlage am Edebergsee.

*** **Touristic**, August-Thienemann-Str. 1, Plön, Tel. 81 32, Fax 89 32,

In der Sebastian-Kneipp-Straße gibt das **Heimatmuseum** (Mo–Fr 10–12, Sa/So 14.30–16.30 Uhr) in der 1634 erbauten reetgedeckten *Tewskate* mit originalen Einrichtungsgegenständen und Gerätschaften einen Einblick in die Lebensbedingungen vor 300 Jahren. Bis Ende der 60er-Jahre des 20. Jh. hingen in der schornsteinlosen Hütte noch Würste und Schweineschinken im Rauch schwelender Buchenspäne und reiften so langsam zum schmackhaften *Holsteiner Katenschinken* und zur *Rauchmettwurst*.

Praktische Hinweise

Tel.-Vorwahl Bad Malente-Gremsmühlen: 0 45 23

Information: Fremdenverkehrs- und Kneippverein, Bahnhofstr. 4 a, Bad Malente-Gremsmühlen, Tel. 9 89 90, Fax 98 99 99

Schiff

Frahm & Zimmermann, Bahnhofstr. 5, Tel. 22 01. Empfehlenswert sind sowohl *5-Seen*- als auch *Kellersee-Fahrten*.

Hotels

*****Dieksee**, Diekseepromenade 13–15, Tel. 99 50, Fax 99 52 00, Internet: www.hoteldieksee.de. Gepflegte Anlage mit komfortablen Zimmern. Caféterrasse (Mitte Jan.–Mitte März geschl.).

** **Hof Neversfelde**, Neversfelde, ca. 2 km nordwestlich von Bad Malente-Gremsmühlen, Tel./Fax 43 58. Urlaub auf dem Bauernhof in angenehmen, günstigen Ferienwohnungen.

Restaurants

Gremsmühle, Eutiner Str. 1, Tel. 24 25. Gutbürgerliche Küche in historischer Schankwirtschaft (Jan. geschl.).

Uklei Fährhaus, Eutiner Str. 7, Sielbek, etwa 5 km nordöstlich von Bad Malente-Gremsmühlen, Tel. 0 45 21/24 58. Ausflugslokal am Ukleisee, mit Kuchen und traditionellen Holsteiner Gerichten.

36 Eutin

Einst Musenhof und Fürstenresidenz am Seeufer der Rosenstadt.

Im Spätsommer und Herbst blühen die Rosenstöcke vor den alten Backstein- und Fachwerkfassaden in der Stolbergstraße, in den gepflegten Gartenanlagen des Seeparks oder den Vorgärten vieler Wohnhäuser. Zu Recht trägt Eutin seinen Ehrennamen *Rosenstadt*, zumal es sich sogar einer eigenen Art, der **Eutin Floribunda**, rühmen kann.

Daran dachten die slawischen Wenden wohl noch nicht, als sie im 11. Jh. auf der heutigen Fasaneninsel im Großen Eutiner See die Festung *Utin* anlegten. Nachdem Graf Adolf II. von Schauenburg die Region erobert hatte, machten angeworbene Friesen 1152 das Land urbar. Ihre Siedlung auf der schmalen Landbrücke zwischen **Großem** und **Kleinem Eutiner See** erhielt 1257 das Stadtrecht. Um 1300 bewogen Auseinandersetzungen mit der hanseatischen Bürgerschaft den Lübecker Bischof, nach Eutin umzusiedeln. Obgleich sich die Reformation 1577 durchgesetzt hatte, blieb das Städtchen **fürstbischöfliche Residenz.**

Nachdem 1689 ein Brand beinahe die gesamte Bausubstanz zerstört hatte, gestaltete *Rudolf Matthias Dallin* 1716–27 das **Eutiner Schloss** weitgehend neu in barocker Pracht. Der mächtige, dreigeschossige Backsteinbau besteht aus vier Flügeln, die einen schlichten Innenhof umschließen. Er liegt prominent an der Spitze einer in den Großen Eutiner See hineinragenden Landspitze und ist überdies von einem breiten Hausgraben umgeben. Die *Schlosskapelle* birgt eine kostbare, 1750 von Arp Schnitger geschaffene Orgel. Man kann sie im **Südflügel** (Führungen tgl. 10–12 und 14–16 Uhr) des Fürstensitzes bewundern, der mit seinen historischen Deckengemälden, Wandbespannungen und Möbeln ebenfalls besichtigt werden kann. Als besondere Kostbarkeit gelten sieben bis ins Detail ausgearbeitete *Schiffsmodelle* aus dem Besitz Zar Peters des Großen. Auf seinen Werften bauten Zimmerleute im 17./18. Jh. Schiffe nach diesen Modellen.

Zur Stadt hin erstreckt sich der **Schlossplatz**, gesäumt von hübschen weißen Wirtschaftsgebäuden aus dem 18./19. Jh. Eine Sammlung kostbarer Bücher und Drucke kann im westlich des Platzes gelegenen **Kavaliershaus** eingesehen werden. Thematisch passt dazu die Bronzefigur *Die Lesende* von Karl-Heinz Goedtke. Im Norden nutzt das **Ostholstein Museum** (Mai–Aug. Di–So 10–13 und 14–17 Uhr, Do bis 19 Uhr, sonst kürzer) den ehem. Marstall. Es präsentiert Gemälde und Stiche des 18. Jh. mit Stadtansichten Eutins und weitere kulturhistorische Exponate.

Im einst den Fürsten von Eutin vorbehaltenen Schlossgarten erfreuen sich heute auch bürgerliche Besucher an den gepflegten Parkanlagen

Eine prächtige Lindenallee führt vom Schlossplatz am Seeufer entlang zum **Schlossgarten**, der Ende des 18. Jh. von einer Barockanlage zum englischen Landschaftspark mit Tempelchen und einer Orangerie umgestaltet wurde. Im Jahr 1770 stellte Fürstbischof Friedrich August den Gelehrten *Johann Gottfried Herder* als Erzieher des Prinzen Peter Friedrich ein. Damit begann eine Zeit, in der sich der Ruf Eutins als **Musenhof**, als *Weimar des Nordens*, begründete. Bald trat Graf Friedrich Leopold zu Stolberg als Diplomat in den Dienst des Fürsten, 1782–1802 leitete der Dichter Johann Heinrich Voß die hiesige Gelehrtenschule und übersetzte Homers *Odyssee* ins Deutsche. Wilhelm von Humboldt, Friedrich Gottlieb Klopstock, der Theologe Johann Kaspar Lavater und Matthias Claudius hielten sich zeitweilig in Eutin auf, der Maler Johann Heinrich Wilhelm Tischbein arbeitete hier als Hofmaler. Der wohl berühmteste Sohn der Stadt, **Carl Maria von Weber**, wurde zwar 1786 hier geboren, verließ aber mit seinem Vater Eutin bereits im zarten Alter von sechs Monaten. Als bekannter Komponist kehrte er noch zweimal zu umjubelten Konzerten zurück. Seit 1951 werden die **Eutiner Sommerspiele** (Juli/Aug.) u. a. mit Opernaufführungen zu Ehren des 1826 in London verstorbenen Künstlers auf der Freiluftbühne im Schlosspark ausgerichtet.

Westlich unterhalb des Schlosses liegt die pittoreske **Altstadt** mit ihren kopfsteingepflasterten Gassen und dem länglichen hübschen **Marktplatz** mit Gebäuden des 17./18. Jh. Das 1786–87 entstandene ehem. *Herzogliche Witwenpalais* etwa erkennt man an dem dreigeteilten Mittelrisalit, ihm gegenüber liegt das klassizistische, gelb verputzte **Rathaus**, das Ende des 18. Jh. errichtet wurde. Die jenseitige Ecke des Marktplatzes nimmt ein schmuckes rotbraunes Fachwerkhaus von 1638 ein, dahinter erhebt sich der wuchtige, 67 m hohe frühgotische Westturm der Kirche **St. Michaelis**. Die Backsteinbasilika wurde schon im 13. Jh. gegründet, stammt in ihrer heutigen dreischiffigen Form aber aus dem 14./15. Jh. Zur prachtvollen Ausstattung der einstigen Bischofskirche gehören ein 2 m hoher, siebenarmiger Bronzeleuchter aus dem 15. Jh. sowie die geschnitzte Figur *Maria auf der Mondsichel* von 1322 im südlichen Kapellenanbau, die als Hängelicht dient. Ein Meisterwerk ist auch die Mitte des 17. Jh. entstandene *Kanzel* links vor dem Chor.

Ausflüge

Die Gewässer um Eutin laden zum Baden ein, **Wanderwege** führen an ihren Ufern entlang, etwa durch den Seeschaarwald am Nordufer des Großen Eutiner Sees. Um einen Überblick über die Holsteinische Schweiz zu gewinnen, sollte man *Schönwalde*, 12 km östlich von Eutin, aufsuchen. Das Städtchen liegt zu Füßen des **Bungsbergs**, dem mit 168 m höchsten Gipfel des nördlichsten Bundeslandes. Er wird bekrönt von dem 23 m hohen, runden *Elisabethturm* aus Granit (1864) sowie von einem modernen *Fernsehturm* (53 m), zu dessen **Aussichtsplattform** in 40 m Höhe 199 Stufen hinaufführen. Von oben genießt man einen herrlichen Blick über die umliegende grüne Hügellandschaft.

Praktische Hinweise

Tel.-Vorwahl Eutin: 0 45 21

Information: Kur & Touristik Eutin, Haus des Gastes, Bleekergang 6, Tel. 7 09 70, Fax 70 97 20. – Eutiner Carl-Maria-von-Weber-Sommerspiele, Tel. 8 00 10, Fax 30 01

Schiff

Eutiner Seerundfahrt: Abfahrt Stadtbucht, Tel. 31 53.

Kanu-Verleih Keusen, Sielbecker Landstr. 17, Eutin-Fissau, Tel. 42 01.

Per Boot kann man auf der Schwentine bis nach Kiel paddeln.

Camping

Naturcamping Prinzenholz, Prinzenholzweg 20, Eutin-Fissau, Tel. 52 81, Fax 36 10. Schöner, in Terrassen angelegter Platz mit Sandstrand am See.

Hotels

*** **Wiesenhof**, Leonhard-Boldt-Str. 25, Eutin-Fissau, Tel. 7 07 60, Fax 70 76 66, Internet: www.hotel-wiesenhof.de. Komfortable Zimmer, Swimmingpool und Sauna im Haus.

*** **Voß-Haus**, Voß-Platz 6, Tel. 4 01 60, Fax 40 16 20. 12 nette Zimmer und ein italienisches Restaurant im einstigen Wohnhaus des Schriftstellers Johann Heinrich Voß.

Restaurants

Fissauer Fährhaus, Am Kellersee, Eutin, Tel. 23 83. Fisch- und Wildspezialitäten genießt man am Anlegersteg mit herrlichem Seeblick (Di geschl.).

TOP TIPP **L'Étoile**, Lübecker Landstr. 36, Eutin, Tel. 70 28 60. Das Gourmetrestaurant variiert einfallsreich die klassische französische Küche, ein kulinarisches Konzept, das mit einem Michelin-Stern belohnt wurde.

St. Michaelis Bräu, Am Markt, Tel. 7 10 66. Zum Wohlsein: In Bier-

Repräsentative Bauten wie das Rathaus (links) umgeben den Marktplatz von Eutin, in dessen Mitte ein Obelisk an die Opfer des Krieges von 1870/71 erinnert

Otto Graf Blome ließ Schloss Salzau mit mehr als 90 Zimmern für seinen Sohn Wulf bauen

stube und -garten kann man den süffigen Gerstensaft der gleichnamigen Lokalbrauerei zünftig genießen.

37 Probstei

Schöne Küsten – mal steil, mal sandig – und malerisches Hinterland.

Die ehemals zum Kloster Preetz gehörenden Ländereien zwischen Schönberg und Lütjenburg fasst man unter der Bezeichnung Probstei zusammen. Auch die Adligen vergangener Jahrhunderte schätzten Anmut und Ruhe der grünen Hügel. Den hier zahlreichen herrschaftlichen Landsitzen verdankt die Region ihren Namen **Grafenwinkel**. Die meisten dieser Bauten befinden sich in Privatbesitz. Dem Land Schleswig-Holstein hingegen gehört heute das weiße, spätklassizistische **Schloss Salzau**, das 1881 am Selenter See 8 km südöstlich von Schönberg errichtet wurde und als bevorzugter Aufführungsort des *Schleswig-Holstein Musikfestivals* und der angeschlossenen Akademie bekannt ist.

Schönberg selbst zeigt ein hübsches Stadtbild, es wurde nach einem verheerenden Brand Ende des 18. Jh. neu erbaut. Der trutzige backsteinerne **Kirchturm** mit Zwiebeldach überragt die meist zweistöckigen Backsteinhäuser. Ein besonders schönes, reetgedecktes Exemplar aus dem 16. Jh. in der Ostseestraße beherbergt das **Probsteier Heimatmuseum** (Mai–Sept. Di–So 15–18 Uhr). Es zeigt neben Geschirr, Trachten etc. auch eine Sammlung von Spielzeug und kindheitsrelevanten Alltagsgegenständen, sogar ein Jugendzimmer der 60er-Jahre des 20. Jh.

Von Schönberg sind es nur 4 km zur **Ostseeküste**, an der sich weite, sanft geschwungene Sandbuchten mit kiesigen Abschnitten und ockerfarbenen Steilküsten abwechseln. Man kann sie in einer Stunde zu Fuß erreichen. Eine Viertelstunde dauert es mit dem Triebwagen der **Museumseisenbahn** (Tel. 0 43 44/23 23) vom Anfang des Jahrhunderts, die jedes Wochenende zwischen Pfingsten und Oktober zum **Schönberger Strand** fährt. Dieser ist lang und feinsandig, entsprechend viel Trubel herrscht im Sommer. Im benachbarten **Holm**, einem geschäftigen Ferienzentrum mit vielfältigem Unterhaltungsangebot, Solebad und einigen Apartmenttürmen spürt man die Nähe zur Großstadt Kiel. Nur wenig weiter im

Osten erfüllen kleine Seebäder mit verführerischen Namen wie **Brasilien** und **Kalifornien** die Hoffnung auf feine, helle Sandstrände.

Am östlichen Rand der Probstei liegt, 7 km von der Ostsee entfernt, das kleine **Lütjenburg**. Im Stadtbild fällt die wuchtige, einschiffige Backsteinkirche **St. Michaelis** auf, ein spätromanisches Gotteshaus aus dem frühen 13. Jh. Im Innern beeindruckt neben dem *Schnitzaltar* von 1467 am nachhaltigsten das steinerne *Renaissance-Grabmal* des Grafen Otto von Reventlow-Wittenberg, das Robert Coppen 1608 schuf und mit überlebensgroßen Figuren des vor dem Kreuz knienden Adligen mitsamt Frau und seinen Kindern schmückte.

Das Zentrum des bereits im 12. Jh. gegründeten Lütjenburg bildet der von Backstein- und Fachwerkhäusern gerahmte **Markt**. Die Gebäude wurden zum größten Teil nach dem Stadtbrand von 1826 errichtet. Eine Ausnahme bil

Bunt treiben es die Drachen am Himmel über dem Schönberger Strand

det das **Färberhaus** von 1576, dessen fantasievolle ziegelgefüllte Fachwerkfassade mit bunt bemaltem Türsturz man beim Marktbrunnen an der Ecke zur Gasse *Kurze Twiete* bewundern kann.

5 km nördlich von Lütjenburg liegt das weiße dreiflügelige Herrenhaus von **Gut Panker**. Es liegt in einem parkähnlichen Garten, der als einziger Teil der Anlage frei zugänglich ist. Zwischen Blumenrabatten, barocken Statuen und über Rasenflächen blickt man auf Seen. Ein Spaziergang führt auch an Pferdekoppeln vorbei, auf denen die hier gezüchteten Trakehner grasen.

Eine landschaftlich sehr schöne Nebenstrecke führt von Lütjenburg durch Buchen- und Eichenwälder zu dem 7 km entfernten Ostseebad **Hohwacht**. Der einladende Kies- und Sandstrand wird überragt von Dünen, die westlich in eine romantische, oben bewaldete Steilküste übergehen. Nach Osten setzt sich die sandige Küste gute 3 km bis zum Örtchen **Sehlendorfer Strand** fort. Auch der weitere Verlauf der lang gestreckten *Hohwachter Bucht* ist abwechslungsreich: Auf steile, felsige Abschnitte, mit herrlichen Buchen bestanden, folgen immer wieder Dünen und feiner Sandstrand. Zwischen einem breiten bewachsenen Dünengürtel und dem Wesseker See liegt das moderne Ferienzentrum **Weißenhäuser Strand**. Die trotz ihrer 4000 Betten überschaubare Anlage mit Hotel, Apartments, Robinson Park und tropischer Badelandschaft ist ein Ferienparadies für Familien.

Praktische Hinweise

Information: Tourismusverband Probstei, Knüll 4, Schönberg, Tel. 0 43 44/ 30 61 63, Fax 30 62 50. – Touristinformation, Markt 4, Lütjenburg, Tel. 0 43 81/41 99 41. – Touristikinformation, Berliner Platz 1, Hohwacht, Tel. 0 18 05/90 55 00, Fax 0 43 81/90 55 55

Camping
Camping-Ferienpark California, Deichweg 46–47, Schönberg, Tel. 0 43 44/95 91, Fax 48 17. Durch einen Deich vom Sandstrand getrenntes Wiesengelände. Ferienprogramm für Kinder sowie Sportangebote.

Triangel, Weißenhäuser Strand, Tel. 0 43 61/28 68, Fax 31 64. Baumgesäumtes, heckenbestandenes Gelände am Dünengürtel, dahinter ein 3 km langer, feiner Sandstrand.

Ländliche Idylle an den Ufern der lang gestreckten Hohwachter Bucht

Hotels

**** Hohe Wacht, Ostseering/Am Kurpark, Hohwacht, Tel. 0 43 81/9 00 80, Fax 90 08 88, Internet: www. hohe-wacht.de. Anspruchsvolle Hotel- und Apartmentanlage, umgeben von viel Grün. Hallenschwimmbad, Sauna und Solarium sowie gutes Restaurant.

** Ferienpark Weißenhäuser Strand, Tel. 0 43 61/55 27 16, Fax 55 27 20, Internet: www.weissenhaeuserstrand.de. Weitläufige Anlage mit Restaurants und Bars, Badelandschaft, reichlich Gelegenheit zu Wassersport, Tennis usw.

** Genueser Schiff, Seestr. 18, Hohwacht, Tel. 0 43 81/75 33, Fax 58 02. Hotel und Apartments am Ostseeufer mit Meerblick. Hervorragendes Restaurant und Strandkorbcafé (Di geschl.).

Restaurants

Forsthaus Hessenstein, Gut Panker, Tel. 0 43 81/94 16. Landgasthof mit fantasievoller Regionalküche, die knusprige Ente ist eine Sünde wert (Mo geschl.).

Ole Liese, Gut Panker, gegenüber dem Herrenhaus, Tel. 0 43 81/9 06 90. Norddeutsche Küche für Feinschmecker.

Sommerhof, Am Dorfteich 11, Fiefbergen, 3 km südwestlich von Schönberg, Tel. 0 43 44/66 85. Kulinarische Fernreisen sowie Wildgerichte im Abendrestaurant (Mo/Di geschl.).

38 Oldenburg

Die geruhsame Kleinstadt war einst Hafenmetropole slawischer Wagrier.

Starigard, also *Alte Burg*, nannten slawische Abodriten und Wagrier ihre im 7. Jh. gegründete Siedlung, die sie mit einem bis zu 18 m hohen Ringwall schützten. Dank ihrer Lage am **Oldenburger Graben**, einem Meeresarm, der die Hohwachter mit der Lübecker Bucht verband, entwickelte sich der Ort zu einem regen Handelszentrum. Die bedeutende Wasserstraße verlandete jedoch im Laufe der Jahrhunderte und ist heute nur noch ein schmaler Graben. Die Stadt allerdings entwickelte sich unter dem Namen Oldenburg weiter, nachdem christliche Sachsen in der 2. Hälfte des 10. Jh. die Region erobert hatten, und gilt daher als älteste kontinuierlich bewohnte Siedlung Schleswig-Holsteins. Den Rang als **Bi-**

schofssitz musste Oldenburg allerdings bereits 1160 an Lübeck abtreten. Die Reste der 4 ha umfassenden **Wallanlage** sind jedoch noch deutlich zu sehen. Ihre Umrisse gleichen einer 8 und überragen deutlich die Wohnhäuser aus jüngerer Zeit. Diese stammen größtenteils aus dem 18. und 19. Jh., denn Kriege und Brandkatastrophen zerstörten viel von der alten Bausubstanz. Auch die Kirche **St. Johannis** war davon betroffen, die im Jahr 1156 als dreischiffige Basilika südlich des Ringwalls angelegt worden war. Sie gilt als eine der ältesten Backsteinkirchen des Landes, wurde aber häufig erneuert. Original ist heute nur noch der niedrige Glockenturm (Ende des 18. Jh.).

Auf der gegenüberliegenden Seite der Verteidigungsanlage wurde in drei um einen Hof gruppierten Bauernhäusern am Prof.-Struve-Weg das **Wallmuseum** (April–Okt. Di–So 10–17 Uhr) eingerichtet. Sehr zu empfehlen ist die *Diaschau*, die vom Leben der frühen Slawen

berichtet. Daneben zeigt ein Modell die befestigte Wagriersiedlung Starigard sowie in Originalgröße eines ihrer *Handelsschiffe* aus dem 8./9. Jh. Es sind auch einige Fundstücke aus Grabhügeln der Umgebung zu sehen, die meisten der silbernen Beigaben befinden sich jedoch im Kreismuseum von Plön [s. S. 92].

Praktische Hinweise

Tel.-Vorwahl Oldenburg: 0 43 61

Information: Tourist-Büro Oldenburg, Markt 1, Tel. 49 80, Fax 49 82 00

Hotel

★★ Günther, Carl-Maria-von-Weber-Straße 18, Tel. 27 30, Fax 16 14. Komfortable Zimmer in ruhiger Lage.

Restaurant

Aalkate, Dannau, 1,5 km nordwestlich von Oldenburg, Tel. 36 05. Rustikale Holsteiner Gerichte (Jan. geschl., im Febr. Mi geschl.).

Nach einer Feuersbrunst wurde St. Johannis 1773 als Backsteinbasilika wieder aufgebaut

Geradezu ideal zum ungestörten Faulenzen im Strandkorb ist der breite Strand von Heiligen-hafen. Auch Kinder fühlen sich in dem riesigen ›Sandkasten‹ außerordentlich wohl

39 Heiligenhafen

Die Seglermetropole lädt zu Hochseetörns ein, der feine Strand tröstet Landratten.

Die stattlichen, giebelgeschmückten **Bürgerhäuser** von Anfang des 19. Jh. am Thulboden zwischen Wilhelmplatz und Rathausmarkt sowie in der Mühlenstraße strahlen noch die gemütliche Kleinstadtatmosphäre aus, die Heiligenhafen bis vor rund 200 Jahren kennzeichnete. Dann freilich entdeckte das wohlhabende städtische Bürgertum den idyllischen Fischerort mit dem mehr als 4 km langen Sandstrand als ideale **Sommerfrische**. Schon damals ragte der gedrungene Backsteinturm der gotischen Kirche **St. Nikolaus** nur wenig über die Dächer von Heiligenhafen. Das aus dem 13. Jh. stammende Gotteshaus wurde vielfach erneuert, zuletzt ausgesprochen schmucklos Ende des 19. Jh. Von der Ausstattung der Hallenkirche sind mehrere übergroße *Schnitzfiguren* interessant, etwa der hl. Christophorus oder Adam und Eva (16. Jh.). Ein Schiffsmodell sowie mehrere Grabmäler für Kapitäne und Seeleute zeugen von der engen Verbindung der Gemeinde zur See.

Auch das **Heimatmuseum** (Thulboden 11 a, im Sommer Di–Fr 10–12, Di/Do auch 14–17 Uhr, So 14–17 Uhr) informiert in einem dekorativen Jugendstilgebäude anhand von Modellen und handwerklichen Gerätschaften über die Stadtgeschichte und Seefahrt. Im ausgedehnten **Hafen** legen noch heute Fischkutter an, auch wenn die großen Tage der Ostseefischerei mittlerweile vorbei sind. Schiffer bieten halb- oder ganztägige Törns zum Hochseeangeln an. Darüber hinaus machen zwei moderne **Jachthäfen** mit mehr als 800 Liegeplätzen, mehreren Segelschulen und der größten Chartersegelflotte der Ostsee Heiligenhafen zu einem Zentrum der Skipper.

Der Wind trägt das Geschrei der Seevögel von **Graswarder** herüber, einer 230 ha großen Nehrung aus angeschwemmtem Sand zwischen Hafeneinfahrt und offener See. Sie steht unter Naturschutz und ist die Heimat von mehr als 40 Vogelarten, darunter Austernfischer ebenso wie Höckerschwäne. Westlich an das Vogelschutzgebiet schließt sich der **Steinwarder** an, gesäumt von Steilküsten und 5 km feinem Sandstrand mit Dünen. Die einstige Insel ist nicht nur mit Graswarder zusammengewachsen, auch zum Festland besteht eine Landverbindung. Nebenan liegt der **Binnensee**, auf dem tüchtig gesegelt und gesurft wird.

Praktische Hinweise

Tel.-Vorwahl Heiligenhafen: 0 43 62

Information: Touristinformation, Bergstr. 43, Heiligenhafen, Tel. 9 07 20, Fax 39 38

Schiff

Förde Reederei Seetouristik, Tel. 68 66, und **Sundreederei Heiligenhafen**, Tel. 86 65. Fahren tgl. von Heiligenhafen nach Rødby (April–Okt.).

Jacht- und Charterzentrum, Am Jachthafen 1, Heiligenhafen, Tel. 73 23. Vermietet Bavaria- und Hanse-Jachten von 32 bis 47 Fuß Länge, mit und ohne Skipper.

Camping

Blank-Eck, Neuteschendorf, Tel. 0 43 61/8 05 62, Fax 6 09 36. Weitläufiger Platz an 250 m langem Badestrand. Vielfältiges Sportangebot, u. a. mit einer Tauchstation.

Restaurants

Zum Alten Salzspeicher, Hafenstr. 2, Heiligenhafen, Tel. 28 28. Gemütliche Atmosphäre in einem Backsteinfachwerkhaus (16. Jh.). Spezialität ist Dorschfilet in Kräuterhülle.

Die Nehrung Graswerder bei Heiligenhafen ist nicht nur Naturschutzgebiet, sondern dank ihrer Strandhäuser zugleich eine beliebte Destination für Urlauber

Zum Neuen Fährhaus, Am Jachthafen, Tel. 76 36. Fischrestaurant mit Terrasse. Ausgezeichnet wurde die Kreation von Schollenfilet und Nordseekrabben in Weißweinsauce mit Blattspinat.

40 Fehmarn

Sonneninsel im frischen Wind garantiert gemütlichen Urlaub.

Zugvögel aus Nordrussland und Skandinavien erreichen auf ihrem langen Flug in wärmere Gefilde im Herbst bei Fehmarn erstmals das Festland von Mitteleuropa. Entlang dieser *Vogelfluglinie* verläuft auch die **Europastraße 47**, die seit dem 14. Mai 1963 dank der damals eingeweihten, knapp 1 km langen **Fehmarnsundbrücke** die brettflache Insel mit dem Kontinent verbindet. Über sie erreichen jährlich Zehntausende von Urlaubern die feinen, meist sandigen Strände der mit einer Fläche von 185 km^2 nach Rügen zweitgrößten deutschen Ostseeinsel. Dazu kommen Hunderttausende Transitreisende, die sich von Fehmarns Fährhafen Puttgarden nach Skandinavien einschiffen.

Auf Fehmarn war Leibeigenschaft stets verpönt, seit der ersten Erwähnung der Insel *Fembre* im 11. Jh. Das fruchtbare Eiland wurde von Sachsen und Dänen wiederholt erobert, doch die Fehmaraner konnten letztlich ihre Eigenständigkeit bewahren. 1617 verbot Herzog Johann Friedrich den Adligen, Grundbe-

Ohne Umschweife verbindet die Fehmarnsundbrücke die Insel mit dem Festland

sitz auf der Insel zu erwerben. So blieb das Land in **Bauernhand**, was den in 42 Dörfern lebenden Inselbewohnern Wohlstand sicherte.

Dass Fehmarn als Ferieninsel heute so beliebt ist, liegt sicher auch an den 1800–1900 **Sonnenstunden** im Jahr. Es ist eines der sonnigsten Fleckchen Erde in Deutschland. Als fünfte Jahreszeit bezeichnet man hier den Mai, wenn die knallgelben **Rapsfelder** mit der Sonne um die Wette strahlen. Dann ist es besonders reizvoll, die flache Insel mit dem Fahrrad zu erkunden. Für **sportliche Urlauber** wird jede Menge geboten: Ausritte, Beach-Volleyball und Strandwanderungen sind sehr beliebt, bei Wulfen lädt ein 9-Loch-Golfplatz zum Putten ein, vor der Küste locken ausgedehnte Surf- und Segelreviere oder gesunkene Schiffswracks zu Tauchgängen.

Mehr als die Hälfte der 12 000 Fehmaraner lebt in der liebenswerten Inselhauptstadt **Burg** im Süden. Sie wurde erstmals 1231 erwähnt und empfängt Besucher noch heute stimmungsvoll mit alten, zum Teil aus dem 16. Jh. stammenden Bürger- und Fachwerkhäusern entlang kopfsteingepflasterter und von knorrigen Ulmen gesäumten Gassen. Ein schönes Beispiel hierfür ist

TOP TIPP

die Breite Straße, in der das **Peter-Wiepert-Heimatmuseum** (Nr. 49–53, Juni–Okt. Mo–Sa 11–17, sonst bis 16 Uhr) drei der ältesten Fachwerkgebäude der Insel aus dem 16./17. Jh. einnimmt. Viel ist zu Fehmarns Geschichte und Brauchtum hier zusammengetragen, Aussteuerwäsche ebenso wie ein Archivschrank. Die benachbarte, wuchtige Kirche **St. Nikolai** zeigt vor allem im backsteinernen Innenraum ihre romanischen und gotischen Ursprünge (13./14. Jh.). Sehenswert sind besonders die *Bronzetaufe* mit Löwenfüßen (14. Jh.) rechts vom Chor sowie der Ende des 14. Jh. geschnitzte *Hauptaltar* mit christologischen Darstellungen. An der östlichen Außenwand der Kirche erinnert eine *Sandsteintafel* an das Massaker, das der dänische König Erich II. von Pommern 1420 anrichtete, als er die Insel von den Holsteinern zurückeroberte und nur drei Einwohner verschonte. Einen freundlichen Eindruck vermittelt dagegen die im 16. Jh. mit floralen Motiven ausgemalte Kapelle **St. Jürgen**. So sollte sie wohl auch auf die Pestkranken und Aussätzigen wirken, für die das gleichnamige Stift im 15. Jh. errichtet wurde.

Zeitgemäßen Nervenkitzel kann man im Stadtteil **Burgstaaken** erleben, dem

Seit dem Mittelalter dominiert die Kirche St. Nikolai das hübsche Zentrum von Burg

alten Hafen von Burg, der sich am heutigen Binnensee ausbreitet. Dort lockt das tropische Aquarium des **Neptun Meereszentrums** (im Sommer tgl. 10–18 Uhr, sonst bis 15 Uhr) mit einem Haifischtank. Im **Jachthafen** überragen Apartmenttürme aus den 1970er-Jahren die Masten der Schiffe. Auch das *Meerwasserwellenbad* stammt aus dieser Tourismusepoche. Die 40 m hohen **Getreidesilos** (April–Okt. 10–18 Uhr, Tel. 0 43 71/50 31 02) im Hafen sind mit Griffen und Tritten als Herausforderung für Kletterenthusiasten präpariert. Im September findet das farbenfrohe **Drachenfest** am Südstrand statt.

Das benachbarte Örtchen **Landkirchen** galt bis zur Übernahme Schleswig-Holsteins durch Preußen 1867 als Inselzentrum. Hier tagte die Landesversammlung Fehmarns in der Kirche **St. Petri** (13. Jh.). Noch immer ruht in dem niedrigen turmlosen Backsteinbau der *Landesblock*, eine klobige Truhe, in der einst wichtige Dokumente durch drei Schlösser gesichert waren, die von den drei Kirchspielkämmerern nur gemeinsam geöffnet werden konnten. Zu den Kunstschätzen der Kirche und der Insel zählen die *Marienkrönung* (1390) und eine hanseatische Votivkogge von 1617.

Der Leuchtturm von **Staberhuk** markiert die östliche Spitze Fehmarns. Auch die anderen Leuchtfeuer wurden auf *Huk* genannten Landnasen, die spitz in die

Ostsee ragen, gebaut. Im Südosten hielt sich Ernst Ludwig Kirchner (1880–1938), berühmtes Mitglied der Künstlergruppe ›Die Brücke‹, Anfang des 20. Jh. mehrere Monate lang auf, um Motive der Fehmarner Küste zu malen. Nur wenig weiter gen Norden führt in **Katharinenhof** ein *Freilichtmuseum* in das Landleben und Handwerk früherer Zeiten ein. Einsam ragt an der Nordküste, westlich des Naturschutzgebietes *Grüner Brink*, der Mast des Schulschiffes **Niobe** als Denkmal aus dem Dünensand. Das Segelschulschiff kenterte am 26. Juli 1932 vor der Nordküste im Sturm und riss 69 der 109 Seeleute in den Tod.

In **Petersdorf**, Westfehmarn, umgibt ein Kreis von Lindenbäumen die Kirche **St. Johannis** samt Friedhof. Der 64 m hohe, weithin sichtbare Turm dient den Seeleuten seit dem 13. Jh. zur Orientierung. Im Inneren des Gotteshauses fallen die zahlreichen *Grabmäler* (16/17. Jh.) auf. Daneben verdienen der gotische *Schnitzaltar* sowie ein *Sakramentenhaus* aus dem 15. Jh. Beachtung.

An der etwa 4 km entfernten Westküste liegt das **Wasservogelreservat Wallnau**. Hier kann man vor allem im Frühjahr und Herbst Höckerschwäne, Kraniche oder Störche aus geschützten Laufgräben und erhöhten Beobachtungsständen betrachten, ohne sie zu stören.

Im Seglerhafen und Fischerort **Lemkenhafen** steht die einzige noch tatsächlich mit Windsegeln betriebene Mühle Europas (1787). Sie wird **Jachen Flünck** (Ostern, Juni–Okt. tgl. 10–17 Uhr) genannt, ist voll funktionsfähig und zu besichtigen. In ihrer Tradition stehen die modernen **Windkraftwerke** Fehmarns. Sie erzeugen dank der beständigen Brise inzwischen genug Strom, um den Energiebedarf der Insel vollständig zu decken.

Praktische Hinweise

Tel.-Vorwahl Burg: 0 43 71

Information: Fehmarn Tourismus, Landkirchener Weg 2, Burg, Tel. 0 18 05/ 86 86 00, Fax 0 43 71/86 86 42

Schiff

Scand Lines Deutschland GmbH, Tel. 01 80/5 34 34 41. Alle 30 bis 60 Min. von Puttgarden nach Rødby Havn auf der dänischen Insel Lolland. **Förde Reederei Seetouristik**, Tel. 30 31. Fährt tgl. von Burgstaaken nach Rødby.

Camping

Fehmarnbelt, Altenteil, Tel. 0 43 72/4 45, Fax 13 45. Anlage im Westen zwischen See und Meer. Der lange Strand ist sandig-kiesig. Brandungssurfen.

Welche Präzision – ein Ring aus prächtigen Linden umgibt den Gottesacker und die Kirche St. Johannis von Petersdorf

Stocksteife Spezialität des Nordens – Räucheraal im Biergarten von Lemkenhafen

Ostsee, Katharinenhof, Tel. 32 40, Fax 90 32. Leicht geneigtes Wiesengelände, von der Steilküste durch einen 80 m breiten Waldgürtel getrennt.

Wulfener Hals, Tel. 8 62 80, Fax 37 23. Großes Wiesengelände zwischen Fehmarnsund und See mit Sportangebot. Tauchschule; Golfplatz ist nahebei.

Hotels

*** **Wisser's Hotel**, Am Markt 21, Burg, Tel. 31 11, Fax 66 20, Internet: www.wissers-hotel.de. Traditionelles Hotel in historischem Gasthof von 1822, an der ruhigen Hauptstraße.

** **Burg-Klause**, Blieschendorfer Weg 1, Burg, Tel. 5 00 20, Fax 17 35, Internet: www.burg-klause.de. Komfortable Zimmer, Liegewiese im Garten. Hervorragendes Restaurant auch mit vegetarischen Gerichten der Saison.

** **IFA-Ferienzentrum**, Südstrand, Tel. 8 90, Fax 89 20 00. Ausgedehnter Apartmentkomplex mit Komplettprogramm von Ausgehen bis Sport.

Restaurants

Aalkate, Königstr. 20, Lemkenhafen, Tel. 0 43 72/5 32. Urgemütliches Fischrestaurant und Imbiss mit Garten.

Lotsenhus, Burgstaaken 65, Tel. 55 97. Exzellente Fischküche im alten Lotsenhaus am Hafen mit Sonnenterrasse. Spezialität ist gebratener Steinbutt mit Knoblauch und Kräuterbutter.

TOP TIPP **Südermühle**, Petersdorf, Tel. 0 43 72/6 36. In der Windmühle von 1438 kommen Hai oder Austern frisch auf den Tisch. Eine kalorienreiche Köstlichkeit ist Aal auf Stroh.

Lübecker Bucht –
die Riviera des Nordens

Feinsandige Strände säumen die weit geschwungene Lübecker Bucht, entlang der Küste reihen sich von Dahme bis **Travemünde** Badeorte von unterschiedlichem Charakter. Einige sind familiär, Kellenhusen etwa, andere von Campingplätzen flankiert wie Rettin. In Niendorf oder Haffkrug geht es noch beschaulich zu, während sich im Neustädter Hafen mittlerweile neben Fischkuttern und Seglern auch PS-starke Motorboote drängen. **Timmendorfer Strand** gilt als Flaniermeile mit viel Hamburger Publikum, Travemünde gibt sich nostalgisch mit Spielkasino und herrschaftlichen Villen.

Lübeck ist als Handelszentrum eine Ausnahmeerscheinung an der nach ihr benannten Bucht. Ihre Bedeutung als wichtigstes Mitglied der **Hanse** sicherte der Travestadt einen Spitzenplatz in der europäischen Geschichte. Noch heute demonstriert die – nach dem Krieg wieder aufgebaute – prächtige Backsteinarchitektur der Stadttore, Kirchen, Kaufmannshäuser und Speicher den Glanz und die Macht vergangener Tage.

41 Grömitz und Umgebung

Familienbäder, Camping und eine
Strafkolonie für unkeusche Mönche.

An die im 11./12. Jh. gegründete slawische Siedlung *Grobenice* erinnert im lebhaften Seebad Grömitz heute nichts mehr. Eigentlich ist es eine Kleinstadt, die sich im Sommer zu einem geschäftigen, vor allem von Familien gern besuchten **Ferienort** wandelt. Im Zentrum der schmucken Wohnhäuser und Pensionen steht die Ende des 13. Jh. aus roh behauenen Findlingen errichtete kleine Kirche **St. Nikolaus**. Der *Altar* ist spätbarock (1743), er zeigt Letztes Abendmahl, Kreuzigung und Auferstehung Christi.

Hauptattraktion von Grömitz ist der 8 km lange **Sandstrand**, der im Stadtgebiet von der Kurpromenade begleitet wird. Eine *Strandeisenbahn* hält u. a. beim *Jachthafen*, der mit 750 Liegeplätzen zu einem der größten der Ostsee zählt. Dasselbe gilt für die benachbarte *Seebrücke*, die immerhin knappe 400 m in die Ostsee hineinragt. Spaß verspricht auch ein Besuch des Meerwasserbrandungsbades **Grömitzer Welle** (Mo–Fr 10–20, Mi bis 21, Sa/So 10–19 Uhr, im Winter eingeschränkte Öffnungszeiten sowie Mo geschl.). Das Erlebnisbad lockt Groß und Klein mit künstlichem Wellengang und Riesenrutsche.

Einige Kilometer nördlich von Grömitz liegt das ehem. **Benediktinerkloster Cismar** im Hinterland. Der Konvent hatte seinen Sitz ursprünglich in Lübeck, aber der Bremer Erzbischof Adalbert verbannte die frommen Brüder Mitte des 13. Jh. wegen ihres lockeren Lebenswandels in die Einöde von *Cicimeresthorpe*. Abgeschiedenheit und Einsamkeit währten allerdings nicht lange: Eine umfangreiche **Reliquiensammlung** sowie eine Heilquelle zogen einen wahren Strom von Pilgern an. Die Reformation Mitte des 16. Jh. machte dem ein Ende. Es folgte der Abriss einiger Gebäude, die Klosterbibliothek kam nach Kopenhagen. Erhalten blieb die einschiffige **Klosterkirche** aus dem 13. Jh. Zwar weist kein Turm den Weg, doch die durch Lisenen und Pfeiler strukturierte *Fassade* mit Stufengiebel ist trotzdem nicht zu verfehlen. Das Innere bezaubert durch eines der eindrucksvollsten *Gewölbe* gotischer Backsteinarchitektur. Im *Chor* steht ein kostbar geschnitzter *Schreinaltar* von 1310. In dem seitlich vor der Kirche gelegenen **Laienschiff**, im 18. Jh. zu einem Herrenhaus umgestaltet, zeigt heute das

◁ *Imposante Baukörper – die beiden Türme von St. Marien stehen für den Wiederaufbau der Lübecker Innenstadt nach dem Zweiten Weltkrieg*

Seine ungewöhnliche Dachform gab dem Pagodenspeicher im Hafen von Neustadt seinen exotischen Namen

Schleswig-Holsteinische Landesmuseum (Mitte April–Okt. Di–So 10–17 Uhr) wechselnde Ausstellungen einheimischer Künstler.

Die Ostseeküste bietet auch weiter nördlich feine Sandstrände. Sie ziehen sich über den Badeort **Kellenhusen** mit seiner neu gestalteten Promenade bis zum 39 m hohen, achteckigen Leuchtturm von **Dameshöved**. Dieser wurde 1879 auf einer kleinen Halbinsel errichtet und überragt die reetgedeckten Häuschen des Ferienortes **Dahme**, der mit einem 6 km langen, sanft abfallenden Strand aufwarten kann.

Südlich von Grömitz erstreckt sich entlang einer schroffen Steilküste das **Naturschutzgebiet Lensterstrand**. Die weite Aussicht über die Lübecker Bucht und die schönen Strände ziehen Campingfreunde an. Etwas weiter südlich liegen *Rettin* und *Pelzerhaken*, vor dessen Küste sich Windsurfer auf den Wellen vergnügen. An dem **Wanderweg** entlang der Steilküste von Rettin nach Neustadt passiert man einen **Ehrenfriedhof**. Er erinnert an die Tragödie des 3. Mai 1945, als die Schiffe Cap Arcona und Thielbeck mit 7300 von der SS ›evakuierten‹ KZ-Häftlingen an Bord irrtümlich von britischen Kampffliegern bombardiert wurden.

Neustadt ist nicht so jung, wie sein Name vermuten lässt. Schon 1226 ließ Graf Adolf IV. zwischen dem See Binnenwasser und der Ostsee eine Siedlung als Konkurrenz zu Lübeck gründen. Brände und der Dreißigjährige Krieg zerstörten jedoch die meisten der historischen Gebäude. Allerdings blieb der schlichte Backsteinbau des 1344 gegründeten **Heilig-Geist-Hospitals** beim Brückentor erhalten. In einer großen Halle neben der Saalkirche machten bis ins 16. Jh. gebrechliche Pilger auf ihrer Reise zum Kloster Cismar Station.

Die dreischiffige **Stadtkirche** geht auf das 13. Jh. zurück. Im Inneren des gotischen Bauwerks fällt der im Stil der niederländischen Spätrenaissance geschnitzte und farbenprächtig ausgemalte Altar ins Auge (1643).

Das von einem Stufengiebel gekrönte **Kremper Tor** von 1244 beherbergt hinter meterdicken Backsteinmauern das kulturhistorische **Ostholstein-Museum** (Juni–Aug. Di–So 10–12 und 15–17 Uhr, April/Mai, Sept./Okt. Di–Sa 15–17 Uhr, So 10–12 Uhr), das prähistorische Fundstücke aus der Region zeigt, z. B. Faustkeile und Pfeilspitzen. Angeschlossen ist das **Cap-Arcona-Museum**, das die Ereignisse beleuchtet, die 1945 zum Tod Tausender von Menschen in der Lübecker Bucht führten.

Seit 1829 ziert der **Pagodenspeicher**, so genannt wegen seines schönen, sechsfach gestuften Daches, den geschäftigen Neustädter Hafen. Der massige Bau aus backsteingefülltem Fachwerk diente bis ins 20. Jh. als Lagerhaus für Getreide.

Praktische Hinweise

Tel.-Vorwahl Grömitz: 0 45 62

Information: Kurverwaltung, Kurpromenade 58, Tel. 25 62 56, Fax 25 62 46

Camping

Camaro, Lensterstrand, Grömitz, Tel. 88 45, Fax 35 67, Internet: www. ferienpark-camaro.de. Komfortable Anlage mit Hallenbad.

Lotsenhaus, Sandberger Weg, Neustadt, Richtung Pelzerhaken, Tel. 0 45 61/25 57, Fax 40 72 64. Baumbestandene, leicht geneigte Wiese mit Meerblick.

Hotels

*** **Gut Beusloe**, Baumallee 14, bei Neustadt, Tel. 0 45 61/43 25, Fax 99 91,

Internet: www.gut-beusloe.de. Komfort-urlaub in einem aufwendig renovierten Gutshof von 1910 auf dem Gelände eines Golfplatzes.

*** **Zur schönen Aussicht**, Uferstr. 12, Grömitz, Tel. 18 70, Fax 18 73 77, Internet: www.schoene-aussicht-groemitz.de. Ansprechende Zimmer und Apartments direkt am Strand.

Restaurants

Aalkate, Schiffbrücke 15, Neustadt, Tel. 0 45 61/91 31. Rustikale Fischgaststätte (1764), mit Netzen und Positionslampen dekoriert, bietet z. B. Saure Makrele.

Brodauer Mühle, B 501, Schashagen, Tel. 0 45 61/85 37. Ländliche Küche zu vernünftigen Preisen in restaurierter Windmühle (Mi geschl.).

42 Scharbeutz-Haffkrug

Trubel und Beschaulichkeit an Deutschlands größter Badewanne.

Der Doppel-Kurort an der Lübecker Bucht ist bei Feriengästen ausgesprochen beliebt, finden sie doch einen weiten Sandstrand, ein reiches Sportangebot von Wasserski über Surfen und Segeln bis zu Ausritten sowie Möglichkeiten zum Ausgehen und Einkaufen. Der feine, flach auslaufende Strand von **Scharbeutz** ist ideal für Kinder. Nur wenige Gehminuten von der 100 m langen Seebrücke *Alte Liebe* entfernt können Urlauber in der Badelandschaft der **Ostsee-Therme** (tgl. 9–23 Uhr) auch bei kaltem Wetter vergnügt planschen.

Haffkrug lässt es gemächlicher angehen als die Schwesterstadt im Süden. In dem familienfreundlichen Ferienort mit dem ebenfalls sehr schönen Sandstrand heißt es ›Immer sutsche‹, also schön ruhig bleiben. Für Abwechslung sorgt das 2 km nördlich bei Sierksdorf gelegene Vergnügungszentrum **Hansapark** (April–Okt. tgl. 9 Uhr bis Sonnenuntergang), die meistbesuchte Ferienattraktion der Ostseeküste. Es werden eine riesige Achterbahn, Westernstadt, Delphinshow, Zaubervorführungen und vieles mehr geboten. Zu der ausgedehnten Anlage gehört auch der 100 m hohe **Holstein-Aussichtsturm**, der einen weiten Blick über die Ostsee und das waldreiche Hinterland erlaubt.

Ausflüge

TOP TIPP Turbulent geht es am 8 km langen **Timmendorfer Strand** zu. Die Reichen und Schönen, viele junge Leute aus Hamburg, bevölkern am Wochenende Promenade und Seebrücke. ›Sehen und gesehen werden‹ lautet das

Einst Tummelplatz einer exklusiven Schickeria, öffnet sich der wunderschöne, kilometerlange Timmendorfer Strand heute auch weniger prätentiösen Urlaubern

Motto in den noblen Strandcafés und Boutiquen entlang der Flaniermeile im Ortszentrum. An der Kurpromenade führt im Aquarium **Sea Life** (Nr. 5, tgl. 10–18, Juni–Aug. bis 19 Uhr) ein gläserner Tunnel durch einen Wassertank mit farbenprächtigen tropischen Fischen.

Wer frischen Fisch vom Kutter kaufen will, sollte sich morgens zum Fischereihafen von **Niendorf** an die Mündung der kleinen Aalbek begeben. Im Hafen des Nachbarortes von Timmendorfer Strand starten auch halb- und ganztägige *Angelfahrten* auf die Ostsee. Ein lohnendes Ausflugsziel hinter dem Hafen ist der **Vogelpark** (März–Okt. tgl. 9–19 Uhr), in dem auf 70 000 m^2 etwa 350 Vogelarten leben. Südlich der Niendorfer Uferpromenade führt ein Spazierweg parallel zur wildromantischen Abbruchkante des 20 m hohen **Brodtener Ufers**, einem Stückchen ursprünglicher Natur.

Praktische Hinweise

Information: Tourismus-Service Scharbeutz, Strandallee 134, Tel. 0 45 03/77 09 64, Fax 7 21 22, Internet: www.scharbeutz.de

Hotels

******Seehof**, Gartenweg 30, Sierksdorf, Tel. 0 45 63/70 31, Fax 74 85, Internet: www.ringhotel-seehof.de. Gemütliches Hotel und Apartments mit Ostsee-Blick am Rande der Steilküste.

TOP TIPP ******Landhaus Carstens**, Strandallee 73, Timmendorfer Strand, Tel. 0 45 03/60 80, Fax 6 08 60, Internet: www.landhauscarstens.de. Hotel mit gemütlicher Atmosphäre, Meerblick, Saunen und Whirlpool. Tolle Fischgerichte im hauseigenen Restaurant Kleines Landhaus.

Restaurants

Landgasthof Brechtmann, Hackendohrredder 11, Schürsdorf bei Scharbeutz, Tel. 0 45 24/99 52. Feine Küche, Spezialität ist Ente (Di geschl.).

Orangerie, im Maritim Seehotel, Strandallee 73 b, Timmendorfer Strand, Tel. 0 45 03/60 50. Kreative Küche im 1960er-Jahre-Hotelturm (Mo/Di geschl.).

Schierbaums Fischkate, Hemmelsdorf, Tel. 0 45 03/29 10. Am Hemmelsdorfer See gelegenes Ausflugsrestaurant. Im Biergarten wird der Bratfisch direkt vom Rost serviert.

Café

Engels Ecke, Timmendorfer Platz 3, Tel. 0 45 03/20 58. Im Sommer verdient das Lokal seinen Beinamen *Café Wichtig*, wenn sich bis zu 350 Gäste auf der Terrasse tummeln.

43 Travemünde

›*Lübecks schönste Tochter*‹.

Die Chronik begann im 12. Jh. als Zollstation für Lübecker Handelsschiffe. Brand und Kriege zerstörten die Stadt an der Travemündung im 16. Jh. vollständig, seit 1902 ist sie **Seebad**. Schon damals schätzte die vornehme Gesellschaft die gesunde Seeluft und den 5 km langen, feinen Sandstrand. Im Jahre 1889, nur sieben Jahre nach der ersten Regatta der Kieler Woche, wurde die Tradition der **Travemünder Woche** begründet, die seitdem in der 2. Junihälfte stattfindet.

Auch die **Altstadt** hat Historisches zu bieten, z. B. die Kirche **St. Lorenz** aus dem 16. Jh. Ihr einschiffiger Innenraum wird von dem prächtigen barocken *Altar* (1723) dominiert, als dessen Platte ein gotischer Grabstein dient. Ungewöhnlich ist die verputzte und bemalte *Holzdecke*.

Im frühen 17. Jh. entstand in der Vorderreihe 7 das zweistöckige Backsteingebäude der **Lübschen Vogtei**, damals wie heute städtische Polizeistation mit einer im Stil des Rokoko bemalten Eingangstür. In dieser Straße gibt es auch einige

Beim Anblick der Passat atmet man förmlich den Duft der großen weiten Welt

»Faite votre jeux!« – *im Spielkasino von Travemünde dreht sich alles um Zahlenglück und den großen Wurf, wie es schon bei Dostojewskij nachzulesen ist*

schöne **Fachwerk-** und **Backsteinhäuser** aus dem 17./18. Jh., in denen sich Hotels, Cafés und Geschäfte einquartiert haben. Dahinter liegt das Nordufer der Trave mit dem **Ostpreußenkai**, von dem im Sommer Ausflugsdampfer zu anderen Ostseebädern starten.

Der neuere Teil der Stadt besteht aus repräsentativen Villen, Hotels und Konzertmuschel, die allesamt in der Anfangszeit des Seebades um die Jahrhundertwende an der Landseite der **Uferpromenade** entstanden. An dieser im Volksmund *Knust,* also ›dickes Ende‹, genannten Flaniermeile befindet sich auch das **Casino** (1861), das als Vorlage für Fjodor Dostojewskijs *Der Spieler* literarischen Ruhm erwarb. In der Nähe des alten *Leuchtturms* an der Travemündung liegt der **Skandinavienkai**, von dem Fähren nach Skandinavien, Russland und Lettland ablegen.

Priwall, eine von der Küste des östlichen Nachbarn Mecklenburg vorspringende Landzunge, gehört zu Travemünde. Eine Pendelfähre setzt Passagiere und Fahrzeuge über. Im dortigen Hafen überragen die vier Masten des Großseglers **Passat** (Mai–Sept. tgl. 10–17 Uhr) die Privat-Jachten. Der denkmalgeschützte 115 m lange ehem. Salpeter- und Getreidefrachter mit 4100 m^2 Segelfläche lief 1911 in Hamburg vom Stapel. Das Ost-

seeufer der Halbinsel bildet ein wunderbarer **Sandstrand**, landwärts von hohen Dünen begrenzt, an dem sich im Sommer Künstler zum Skulpturenwettbewerb ›Sandworld‹ treffen.

Praktische Hinweise

Tel.-Vorwahl Travemünde: 0 45 02

Information: Travemünde Tourismus, Strandpromenade 1 b, Tel. 8 04 30, Fax 8 04 60

Schiff

Finnlines, Tel. 04 51/1 50 74 43, Helsinki. **Stena**, Tel. 0 45 02/40 37, nach Göteborg. **Skandinavienlink**, Tel. 0 45 02/25 60, nach Malmö, Kaliningrad und Riga. **TT-Line**, Tel. 0 40/3 60 14 42, Trelleborg.

Hotel

*** **Villa Charlott**, Hotel-Garni, Kaiserallee 5, Travemünde, Tel. 8 61 10, Fax 86 11 99, Internet: www.villa-charlott.de. Heimeliges Villenhotel.

Restaurant

Lord Nelson, Vorderreihe 56, Travemünde, Tel. 63 69. Sorgfältig zubereitete Gerichte in einer nachempfundenen Kapitänskajüte.

44 Lübeck *Plan hintere Umschlagklappe*

Die ›Königin der Hanse‹ ist Heimat Thomas Manns und gehört mit ihrer norddeutschen Backsteingotik zum UNESCO-Weltkulturerbe.

Liubice, die Liebliche, lautete der Name einer wendischen Siedlung des 9. Jh. am Unterlauf der Trave, auch bekannt als Alt-Lübeck. Nachdem Truppen des Schauenburger Grafen Adolf II. den Burgwall von Liubice 1138 zerstört hatten, errichtete dieser 1143 etwas weiter flussaufwärts eine eigene Siedlung.

Liebliche Handelsstadt

Bald drängte Herzog Heinrich der Löwe, ihm den günstigen **Handelsplatz** zu überlassen und gründete 1159 die Stadt an ihrem heutigen Standort, einer von den Wassern der *Trave* und der gestauten *Wakenitz* gebildeten Insel, neu. Bereits ein Jahr später wurde Lübeck **Bischofssitz** und entwickelte sich auch in wirtschaftlicher Hinsicht als Warenumschlagplatz hervorragend. Aus dem Norden und Osten Europas wurden Pelze, Erze und Fisch eingeführt, der Süden lieferte Salz und Stoffe. Im Streit zwischen dem Welfenfürsten Heinrich und Kaiser Friedrich Barbarossa I. Ende des 12. Jh. hielt Lübeck zum staufischen Kaiser. Dafür stattete dieser die kaiserliche Stadt 1188 mit besonderen **Handelsprivilegien** aus, die die Lübecker Kaufleute zur Ausweitung des Fernhandels im Ostseeraum nutzten. 1226 ernannte Friedrich II. Lübeck zur **reichsfreien Stadt** mit Münzrecht. Ein verheerender Brand zerstörte 1276 einen Großteil der Stadt, die danach überwiegend aus Backstein wieder aufgebaut wurde.

Um den zunehmenden **Ostseehandel** zu schützen, schlossen sich Mitte des 14. Jh. mehr als 200 Städte im Norden zur **Deutschen Hanse** zusammen. Lübeck, verkehrstechnisch günstig an den Handelsrouten nach Skandinavien und zum Baltikum sowie am Nordende der Salzstraße und an der südwestlichen Ausbuchtung der Ostsee gelegen, nahm schnell die führende Rolle im mächtigen Städtebund ein und stieg zur **Königin der Hanse** auf. Um 1500 war Lübeck mit 25 000 Einwohnern zu einer der größten deutschen und einer der einflussreichsten Städte Europas herangewachsen.

Im 16. Jh. wurde dem Lübecker Rathaus eine Laube im Renaissance-Stil vorgebaut, die heute mit dem rechts anschließenden Langen Haus den Marktplatz prägt

Historische Impressionen aus der Hansestadt Lübeck – die Geschäfigkeit eines florie-renden Handelshafens stellt diese Schulbuchillustration der 1960er-Jahre nach

Seemacht und Städtekartell

Sie war ihrer Zeit weit voraus. Die **Hanse**, eine Vereinigung zunächst von *Kaufleuten*, dann von **Handelsstädten**, entwickelte vom 11. Jh. an wirtschaftliche, politische und militärische Macht und bot in einer Epoche, die von der absoluten Herrschaft des Adels geprägt war, feudalen Machthabern die Stirn. Im Laufe ihrer 500-jährigen Geschichte haben fast 200 Städte der Hanse angehört. Den Kern bildeten die Häfen an oder nahe der **Ostsee**, allen voran Lübeck, dazu Hamburg, Bremen, Lüneburg, Rostock, Stralsund, Danzig, Königsberg, Kiel etc. Auch Städte im Binnenland wie Köln, Braunschweig oder Dortmund wollten von den Privilegien und Steuervorteilen des Kartells profitieren und traten ihm bei. In Bergen, London, Brügge und Nowgorod unterhielt die Hanse gut ausgestattete **Kontore**.

Das altgermanische Wort Hanse, das soviel wie ›bewaffnete Gruppe‹ bedeutet, weist auf darauf hin, dass die Hanse die Handelswege gegen Übergriffe von Wegelagerern oder Piraten mit militärischer Gewalt schützte. Den bekanntesten von ihnen, **Klaus Störtebeker**, machte 1402 ein Scharfrichter auf dem Hamburger Grasbrook einen Kopf kürzer. Wer, wie 1284 Norwegen, den Hanse-Kaufleuten freien Zugang verweigerte, sah sich plötzlich einer massiven **Handelsblockade** ausgesetzt, die schnell zum Einlenken zwang. Als der dänische König Waldemar IV. 1381 die schwedische Hansestadt Visby besetzt hatte, kam es sogar zu einem **Seekrieg** gegen Dänemark, in dem die Hanse 100 bewaffnete Schiffe aufbieten konnte. Im Frieden von Stralsund mussten die Dänen die hansische Vormachtstellung im Ostseeraum anerkennen und dem Städtebund Küstenfestungen überlassen.

Die Stagnation und der schließliche **Niedergang** der Hanse im 16. und 17. Jh. hatte viele Ursachen. Neuen Handelsmächten wie den Niederländern oder den Augsburger Fuggern gelang es besser, sich der **Verlagerung** der **Handelswege** nach der Entdeckung Amerikas anzupassen.

Von Fleiß und Pracht

Das Ende dieser Blüte begann mit der *Entdeckung Amerikas* 1492, in deren Folge sich die Handelswege von der Ostsee nach Westen verlagerten und die Hanse-Metropole langsam aber sicher an den Rand Europas gedrängt wurde. Den **Dreißigjährigen Krieg** (1618–48) überstand die Travestadt dank kluger Diplomatie ihres Rates ohne größeren Schaden. Obgleich Lübeck zu dieser Zeit seinen wirtschaftlichen Zenit bereits überschritten hatte, machten die geschickten Kaufleute weiter gute Geschäfte, das wohlhabende Bürgertum der Stadt konnte sich auch im 18. und 19. Jh. mit stilvollen Bauten Denkmäler setzen. Die Eigenständigkeit der Stadt blieb lange erhalten, erst 1937 wurde Lübeck Schleswig-Holstein zugeschlagen. Der **Zweite Weltkrieg** traf die alte Hansestadt besonders hart: In der Palmsonntagnacht vom 28. zum 29. März 1942 zerstörten Bomben 25% der historischen Bausubstanz oder beschädigten sie schwer. Bis 1961 dauerte der anschließende Wiederaufbau. Die sorgfältig restaurierte Altstadt wurde von der UNESCO 1987 zum **Weltkulturerbe** erhoben. Dennoch wirkt die nach Kiel zweitgrößte Stadt (220 000

114

den blanken Hintern. Die 1907 erbaute Brücke führt über den *Stadtgraben* auf eine von Blumenrabatten gesäumte Grünanlage zu. In ihrer Mitte steht das Wahrzeichen der Stadt, das 1464–78 errichtete **Holstentor** ❷. Ein markanter Stufengiebel bekrönt den Mittelteil, über dem Torbogen verkündet der Schriftzug *Concordia Domi Foris Pax*, ›Eintracht drinnen, draußen Frieden‹, das Motto der Stadt. Beidseits flankieren zwei wuchtige Rundtürme das Tor, ihre hoch aufragenden Kegeldächer sind mit Schiefer gedeckt. In ihnen fand das **Stadtgeschichtliche Museum** (Di–So 10–16 Uhr) Platz, dessen Hauptattraktion neben Schiffsmodellen und Waffen die düstere mittelalterliche Folterkammer im Keller ist. Hinter dem Tor lohnt sich ein Blick nach rechts auf die **Salzspeicher** ❸ am Ufer der Stadt-Trave, sechs schmale, im 16.–18. Jh. erbaute Giebelhäuser. In ihnen wurde das ›weiße Gold‹ zwischengelagert, das aus Lüneburg, später aus Spanien und Portugal eingeführt und zum Einsalzen von Heringen nach Skandinavien weiterverkauft wurde.

Den Nordosten des zentralen **Marktplatzes** beherrscht das über Eck gebaute

Einstigen Bürgerstolz und Reichtum verraten die schmucken Häuser der Altstadt

Oben: *Flankiert von charakteristischen Salzspeichern präsentiert sich das Wahrzeichen Lübecks, das Holstentor mit seinen bombastischen Rundtürmen (15. Jh.)*

Links: *Diverse Wappen zieren den Dachaufbau des Kriegsstubenbaus am Rathaus*

Einw.) Schleswig-Holsteins nicht museal. Die lebhafte Atmosphäre Lübecks, eine vielseitige Kulturszene und nicht zuletzt die architektonischen Zeugen hansischer Tradition ziehen jährlich mehr als 1 Mio. Besucher an.

Holstentor, Markt und Rathaus

Einen Rundgang beginnt man am besten im *Westen* der größtenteils verkehrsberuhigten Altstadt. Man erreicht sie über die mit sieben allegorischen Sandsteinfiguren geschmückte **Puppenbrücke** ❶. Die Statue von Merkur, dem Gott der Kaufleute und Diebe, zeigt den Passanten

Wer könnte den süßen Verlockungen im Café Niederegger widerstehen?

Rathaus ④ mit Arkadengängen. In seiner heutigen Form entstand es durch An- und Umbauten aus einem dreigieblien Versammlungsgebäude von 1230. Seine **Südfassade** wurde als Schauwand mit drei Türmchen und zwei großen Windlöchern konzipiert. Allerdings setzte 1571 der Baumeister *Hans Fleminck* der

rotbraunen Backsteinfront auf der gesamten Breite eine eigentlich unpassende *Renaissancelaube* aus hellem Sandstein vor. Rechts schließt sich im rechten Winkel das im 13./14. Jh. aus dunklen, fast schwarzen Ziegeln errichtete, durchgehend auf Rundbögen ruhende **Lange Haus** an, das wegen seines Ballsaales im 1. Stock auch *Danzelhus* genannt wird. Ihm folgt der gleichartige, Mitte des 15. Jh. angebaute **Kriegsstubenbau** mit spitz zulaufenden Rundtürmchen auf dem Dach. Seine Ostfassade ziert zur Breiten Straße hin eine *Prunktreppe* im Stil der Renaissance aus Sandstein, ein meisterhafter Nachbau (1894) des beschädigten Originals von 1594.

Nördlich von ihr gelangt man wieder zum Hauptbau, dessen 1. Stock der 38 m lange, im 18. Jh. von Stefano Torelli mit allegorischen Wandgemälden geschmückte **Audienzsaal** (Führungen Mo–Fr 11, 12 und 15 Uhr) einnimmt. Vielleicht dringt während langer Sitzungen des Stadtrates im dahinterliegenden *Roten Saal* zuweilen ein köstlicher Duft

Das Buddenbrook-Haus – Kinderstube und Romanvorlage für Thomas Mann

Lübeck und die Buddenbrooks

Der Roman hatte ihn in Lübeck bekannt, aber nicht unbedingt beliebt gemacht. Vielen Lübecker Kaufleuten war der Blick hinter die Kulissen zu indiskret gewesen. Die Bigotterie und die kleinen Geheimnisse, die man lieber für sich behielt, wurden offen zur Schau gestellt. Hier hatte einer geschrieben, der wusste wovon er sprach, der Spross

einer Patrizierfamilie, ein ›Nestbeschmutzer‹ also. Bald kursierten in Lübeck **Entschlüsselungslisten**, *wer in der Stadt für Figuren und Charaktere im 1901 erschienenen Roman* ›**Buddenbrooks**‹ *die Vorlage abgegeben haben könnte.* **Thomas Mann**, *Sohn eines Lübecker Großkaufmanns und Bruder des Schriftstellers Heinrich Mann, erhielt 1929 für sein Gesellschaftsbild vom Verfall einer Lübecker Patrizierfamilie den* **Nobelpreis** *für Literatur. Neben dem Buddenbrook-Haus, einst Wohnort der Großeltern, kann man mit dem Roman in Hand zu manchen seiner* **Handlungsschauplätze** *in der Lübecker Innenstadt wandern, zum Theater in der Beckergrube und dem Rathaus, zu den Speichern an der Trave oder zur Reformierten Kirche. Die Brüder Mann emigrierten während der Nazi-Zeit in die USA. Thomas Mann, der 1891 aus Lübeck fortgezogen war, kehrte 80-jährig, schon längst in der Schweiz lebend, kurz vor seinem Tod (1955) ein letztes Mal nach Lübeck zurück, um die Ehrenbürgerwürde seiner Geburtsstadt anzunehmen. Lübeck hatte endlich Frieden mit einem seiner größten Söhne geschlossen.*

Weit und licht öffnet sich das gewaltige Langhausgewölbe von St. Marien

St. Marien und Buddenbrook-Haus

durch die geöffneten Fenster, der aus dem weltberühmten **Marzipanhaus Nieder-egger** ❺ an der Breiten Straße herüber-weht. Vor mehr als 400 Jahren kam das Rezept für das süße *Marci panis*, das Brot des Markus, aus dem Vorderen Orient über Venedig nach Lübeck.

Nördlich des Rathauses überragen die beiden Vierecktürme der 1250–1350 aus Backstein erbauten Kirche **St. Marien** ❻ mit je 125 m alle anderen Bauwerke der Stadt. Ihre schlanke, spitz zulaufende Form greift der 30 m hohe Dachreiter auf, der das Satteldach des *Mittelschiffs* schmückt. Dieses gilt mit einer Höhe von 40 m als

TOP TIPP

das weltweit höchste Backsteingewölbe. Es wird von außen liegenden Strebepfeilern gestützt, die aus den Dächern der beiden niedrigeren Seitenschiffe und dem des im Osten umlaufendem Chors emporwachsen. Dieser Aufbau wurde zu einem Vorbild für viele Kirchen der Backsteingotik im Ostseeraum.

Die Marienkirche war die Antwort des reichen Lübecker Bürgertums auf den von der Amtskirche erbauten Dom (s. u.) und demonstrierte auch kaufmännisches Selbstbewusstsein. Leider ging viel von der kostbaren **Innenausstattung** während des Zweiten Weltkrieges verloren. Die *Glocken*, die nach der Bombennacht 1942 aus den ausgebrannten Türmen herabstürzten, sind als Mahnmal gegen den Krieg noch immer im geborstenen Steinfußboden zu sehen. Zu den erhaltenen Schätzen gehören ein wunderbarer geschnitzter *Marienaltar* aus Antwerpen von 1518, das 10 m hohe bronzene *Sakramentenhaus* sowie eine *Bronzetaufe* von 1337. Die 1968 zusammengefügte *Orgel* gilt als das größte Instrument ihrer Art mit mechanischer Traktur. Auf ihrer im Krieg beschädigten Vorgängerin hatte im 17./18. Jh. der Lübecker Kirchenorga-

Im Haus der Schiffergesellschaft, heute ein beliebtes Restaurant, wurde schon manches Seemannsgarn gesponnen

nist und Komponist Dietrich Buxtehude Konzerte gegeben, die zu hören 1705 sogar Johann Sebastian Bach mehrere Tage zu Fuß aus dem thüringischen Arnstadt nach Lübeck wanderte.

Nördlich gegenüber der Marienkirche erhebt sich in der Mengstraße 4 das **Buddenbrook-Haus** ❼ (tgl. 10–17 Uhr). Das großbürgerliche Stadthaus mit grauer Rokoko-Fassade und geschwungenem Giebel gehörte den Großeltern des Schriftstellers **Thomas Mann** und findet sich in seinem nobelpreisgekrönten Erfolgsroman *Buddenbrooks* (1901) wieder. Dem Leben und Werk der beiden auch politisch sehr gegensätzlichen Brüder Heinrich (1871–1950) und Thomas (1875–1955) Mann sowie ihrem im KZ Oranienburg ermordeten Schriftstellerkollegen Erich Mühsam (1878–1934) ist eine Ausstellung, u. a. mit Originalmanuskripten, in diesem Haus gewidmet.

Breite Straße bis Glockengießerstraße

Entlang der Breiten Straße wechseln sich moderne Bauten mit historischen Wohn- und Geschäftshäusern ab. Das mit einem dekorativen Staffelgiebel geschmückte Versammlungshaus der **Schiffergesellschaft** ❽ beispielsweise stammt aus dem Jahr 1535 und ist das einzige erhaltene Gildehaus der Stadt. Es beherbergt heute ein stimmungsvolles Fischrestaurant mit rege besuchtem Kapitänsstammtisch. Zum rustikal-maritimen Ambiente tragen nicht zuletzt die Schiffsmodelle bei, die von der original erhaltenen Balkendecke aus dem 16. Jh. hängen.

Gegenüber ragt der von einem achteckigen Aufsatz mit vier Kupferkugeln bekrönte Turm von **St. Jakobi** ❾ in den Himmel. Die 1227 gegründete und 1335 neu erbaute fünfschiffige *Kirche der Seeleute* ist mit ornamentalen Fresken des 14. Jh. ausgemalt. In der Turmkapelle erinnert ein zersplittertes Rettungsboot an die Seeleute, die von ihrer Fahrt nicht heimkehrten. Es gehörte zum Segelschulschiff *Pamir*, das 1957 bei einem Sturm vor den Azoren mit der gesamten Mannschaft unterging.

Östlich davon fanden in der Großen Burgstraße bis ins 20. Jh. hinein Arme, Kranke und Pflegebedürftige im **Heilig-Geist-Hospital** ❿ am Koberg eine Unterkunft. Es wurde 1227 von der Kaufmannschaft gegründet. Zur Straße hin liegt hinter der Backsteinfassade mit fünf schlanken Turmspitzen eine frühgotische

Sakrale Kunstschätze ersten Ranges wie dieses Altartriptychon von Hans Memling, das die Passion Christi darstellt, sind im St. Annen-Museum zu bewundern

dreischiffige **Hallenkirche** mit kunstvoll verzierten Sterngewölben. Durch den hellen, lichten Raum mit den wundervollen *Heiligenfresken* aus dem 14. Jh. erreicht man den im rechten Winkel dahinter angebauten, knapp 90 m langen Schlafsaal der Spitalbewohner. Er nimmt neben Aufenthaltsräumen und Gemeinschaftsküchen den Großteil des **Langen Hauses** ein. Die entlang der Saalmauern verlaufenden Schlafkammern, winzige Kabäuschen mit Bett, Schränkchen und Waschgelegenheit, waren erst 1820 abgetrennt worden.

An der Ecke Königstraße/Glockengießerstraße lohnt sich ein Besuch der 1300–50 für ein Franziskanerkloster erbauten ehem. Kirche **St. Katharinen** ⓫. In den Nischen über dem Eingang beeindrucken neun lebensgroße Terrakotta-Figuren. Die drei linken – *Frau im Wind*, *Bettler auf Krücken* und *Singender Klosterschüler* – schuf Ernst Barlach Anfang der 1930er-Jahre, die restlichen sechs, z. B. *Kassandra* oder *Mutter und Kind*, stammen von Gerhard Marcks (1947/48). Der zweischiffige Backsteinbau beher-

bergt das **Städtische Museum für Kunst und Kulturgeschichte** (tgl. 10–17 Uhr), das sakrale Kunst sowie Einrichtungsgegenstände als Beispiele bürgerlicher Wohnkultur zeigt. Sein größter Schatz ist das Gemälde *Erweckung des Lazarus* von Jacopo Tintoretto (1576).

Es lohnt sich, durch die malerische **Glockengießerstraße** ⓬ zu bummeln. Sie ist von 28 Stiftshöfen und -gängen gesäumt, deren Backsteingebäude reiche Kaufleute für Bedürftige gestiftet haben. Durch das breite Portal des dreistöckigen *Füchtingshofes* von 1638 (Nr. 23–27) erreicht man den von Wohngebäuden gesäumten Innenhof. Mit seinen blühenden Rosenstöcken und weißen Bänken ist er ein beliebtes Fotomotiv, ebenso wie seine ›Nachbarn‹ *Ilhornstift* (Nr. 39), *Glandorpsgang* (Nr. 41–43), *Glandorpshof* (Nr. 45–53) oder der *Haasenhof* in der parallel verlaufenden Dr.-Julius-Leber-Straße 37–39. Das **Günter Grass-Haus** ⓭ (Glockengießerstr. 21, tgl. 10–17/18 Uhr) ist dem aus Danzig stammenden Nobelpreisträger gewidmet. Es versteht sich als Forum für Literatur und Kunst.

Im Lübecker Dom zieht das prachtvoll geschnitzte Triumphkreuz die Blicke auf sich

St. Annen, Dom und Gängeviertel

Im Süden der Lübecker Altstadt liegt das **St. Annen-Museum** ⑭ (April–Sept. Di–So 10–17 Uhr, sonst bis 16 Uhr), das 1502 ursprünglich als Augustinerinnenkloster erbaut worden war. Im Zuge der Reformation wurde es jedoch bereits 1532 wieder aufgelöst. Das hoch aufragende Backsteingebäude diente als Waffenlager, Armenhaus und Gefängnis, bis es 1875 in weiten Teilen abbrannte. Erhalten blieben Kreuzgänge, Kapitelsaal und Remter, die heute Schätze mittelalterlicher Sakralkunst bergen. Die *Gemälde*- und *Figurensammlung*, darunter eine steinerne Madonna von Johannes Junge (1420) ist überaus reich. Überdies sind hier deutschlandweit die meisten *Schnitzaltäre* zu bewundern, z. B. Meisterwerke von Hans Memling oder den Brüdern Altdorfer.

Der wuchtige **Dom** ⑮, aus dem omnipräsenten Backstein errichtet, liegt am Südrand der Altstadt, die beiden massigen, 115 m hohen Vierecktürme mit den spitz zulaufenden Helmen weisen den Weg. Heinrich der Löwe begründete die dreischiffige Basilika 1173 als Bischofskirche, die geistlichen Herren zogen aber gegen 1300 nach Eutin um. Das **Innere** des Gotteshauses betritt man etwa in der Mitte der nördlichen Längsseite, und zwar über die 1260 errichtete Vorhalle, das *Paradies*. Das nun quer vor dem Besucher liegende Mittelschiff des Doms ist stolze 130 m lang, im Zusammenspiel mit dem bis zu 20 m hohen Gewölbe entsteht ein gewaltiger Raumeindruck. Passend dazu erhebt sich vor dem Lettner das auffälligste Kunstwerk der Kirche: das 17 m aufragende, 1477 fertig gestellte spätgotische *Triumphkreuz* des Lübecker Bildschnitzers und Malers Bernt Notke. Es ist als blätterumrankter Lebensbaum gestaltet und wird von Figurengruppen wie Maria und hl. Johannes, Adam und Eva flankiert. Das Ensemble ist meisterhaft geschnitzt und bemalt.

Der weitere Stadtbummel führt vom Dom nordwärts durch die schmalen Straßen und Wege des **Gängeviertels** ⑯. Am *Malerwinkel* führt die Dankwartsbrücke über die Stadt-Trave, allerdings können hier nur Fußgänger den Fluss überqueren. Die Szene bietet einen ebenso romantischen Anblick wie beispielsweise die pittoreske Straße *Große Petersgrube*. In ihr sind Kaufmannshäuser des 15.–19. Jh. zu finden, gotische Stufengiebel ebenso wie klassizistische Fassaden. Ein Abstecher in das originelle **Figurentheater Museum** ⑰ (April–Okt. tgl. 10–18 Uhr) an der nahe gelegenen Ecke Kleine Petersgrube/Kolk freut nicht nur Kinder. Die ausgezeichnete Sammlung umfasst mehr als 1200 Stab-, Handund Stockpuppen aus aller Welt, Schattenspielfiguren, Kulissen, Kostüme sowie alte Drehorgeln. Das angeschlossene **Marionettentheater Fritz Frey** (Tel. 7 00 60, Mo geschl.) inszeniert Bühnenstücke für Kinder und Erwachsene.

Zum Schluss bietet sich ein Besuch der Kirche **St. Petri** ⑱ an. Die 1450–1519 erbaute gotische Hallenkirche brannte 1942 völlig aus und wird nach ihrer Renovierung heute als Ausstellungs- und Konzertraum genutzt. Die meisten Besucher zieht es jedoch auf die 50 m hoch gelegene, auch per Fahrstuhl erreichbare **Aussichtsplattform** im 108 m hohen Viereckturm, von der sich das schmucke Lübeck einmal von oben betrachten lässt.

Praktische Hinweise

Tel.-Vorwahl Lübeck: 04 51

Information: Lübeck und Travemünde Tourist-Service, Breite Str. 62, Tel. 0 18 05/88 22 33, Fax 04 51/1 22 19 19, Internet: www.luebeck-tourismus.de

Schiff

Finnlines, Tel. 01 80/52 37 21 80, Helsinki. **Latlines**, Tel. 04 51/7 09 96 97, nach Riga. Ausflugsschiffe der **Quandt-Linie** (Tel. 7 77 99) und der **Maak-Linie** (Tel. 7 06 38 59) legen für Trave- und Hafenrundfahrten sowie für die malerische Tour auf der Wakenitz von mehreren Anlegern ab, einer z. B. gleich hinter dem Holstentor an der Stadt-Trave.

Hotels

**** **Kaiserhof**, Kronsforder Allee 1–13, Tel. 70 33 01, Fax 79 50 83, Internet: www.kaiserhof-luebeck.de. Komfortables Hotel in mehreren benachbarten Patrizierhäusern.

*** **Klassik Altstadt**, Fischergrube 52, Tel. 70 29 80, Fax 7 37 78, Internet: www.klassik-altstadt-hotel.de. Im historischen Zentrum gelegenes Haus mit klassisch-bürgerlichem Ambiente.

** **Zur Alten Stadtmauer**, An der Mauer 57, Tel. 7 37 02, Fax 7 32 39. Freundliches, ruhiges Altstadthotel.

Restaurants

Schabbelhaus, Mengstr. 48, Tel. 7 20 11. Im 1. Stock stellt ein Museum hanseatische Wohnkultur des 19. Jh. vor. Passend dazu bietet im Erdgeschoss des einstigen Kaufmanns- und Konditorhauses aus dem 16. Jh. ein Gourmetrestaurant feinste holsteinische Küche im Ambiente lübscher Patrizierkultur (So geschl.).

Schiffergesellschaft, Breite Str. 2, Tel. 7 67 76. Traditionsrestaurant im rustikalen Zunfthaus der Kapitäne.

Wullenwewer, Beckergrube 71, Tel. 70 43 33. Raffinierte Geschmacksharmonien genießt man in dem Kaufmannshaus des 16. Jh. (So/Mo geschl.).

Kreis Herzogtum Lauenburg – zauberhafte Seenlandschaft

Eine idyllische Landschaft erstreckt sich südlich von Lübeck bis Lauenburg am Ufer der Elbe. Dazwischen liegen mehr als **80 Seen**, eingebettet in eine abwechslungsreiche, sanfthügelige und waldreiche Region. Immer wieder ragen Kirchtürme inmitten malerischer alter Dörfer auf, und entlang uralter Handelsstraßen locken historische Städte wie **Ratzeburg**, **Mölln** und **Lauenburg** zu einem stimmungsvollen Stadtbummel. Der gesamte Kreis Herzogtum Lauenburg ist ein Paradies für **Wanderer** und **Radfahrer**, die zahlreiche Routen aus einem Netz von insgesamt 800 km markierten Wegen wählen können. Besonders der **Naturpark Lauenburgische Seen** sowie der ausgedehnte **Sachsenwald** östlich von Hamburg ziehen Besucher und Naturfreunde an.

45 Ratzeburg

Domstadt zwischen zwei Seen.

Die ursprünglich wendische *Racesburg* auf einer ufernahen Insel im Süden des Ratzeburger Sees wurde 1062 erstmals urkundlich erwähnt, als Kaiser Heinrich IV. sie dem sächsischen Herzog Otto-Ordulf übergab. Ein am St. Georgsberg bereits um 1044 gegründetes benediktinisches **Missionarskloster** wurde bei dem Aufstand der heidnischen Slawen 1066 zerstört, wobei Abt Ansverus und 18 seiner Brüder den Tod fanden. Nach erfolgter Christianisierung ließ der Braunschweiger Herzog Heinrich der Löwe für das neue *Bistum* 1160 neben der alten Burg einen Dom errichten, dessen Bau 1220 abgeschlossen war. Rings um die Kirche ließen sich Handwerker und Händler nieder, die so entstandene Siedlung wurde Ende des 13. Jh. zur Stadt erhoben. Im Laufe der Jahrhunderte erlebte Ratzeburg eine Reihe von **Zerstörungen**: Ende des 17. und Anfang des 19. Jh. durch die Dänen. Von der historischen Bausubstanz blieben der Dom sowie einige Straßenzüge erhalten, die überwiegend aus dem 18. und 19. Jh. stammen.

Längst hat sich das Stadtgebiet von Ratzeburg über die schmale Landbrücke zwischen dem Ratzeburger See und dem kleineren Küchensee ausgebreitet. Die **Altstadt** auf der Insel wird von dem auf einem Hügel aufragenden, gedrungen wirkenden **Ratzeburger Dom** (April–Sept. Di–So 10–12 und 14–18 Uhr, sonst bis 16 Uhr) beherrscht. An den Stifter, Heinrich den Löwen, erinnert rechts vom

Das Stadtpanorama von Ratzeburg wird ▷ beherrscht vom voluminösen Baukörper des Doms (12. Jh.). Im Palais der Lauenburger (links) ist heute das Kreismusem beheimatet

Eingang zum Domgelände ein bronzener Löwe. Schon von außen beeindruckt die dreischiffige romanische Backsteinbasilika mit einer Fassadengliederung aus Lisenen, Sockeln und Friesen. Vor allem die dem Eingang vorgebaute **Südervorhalle** ist mit Ziegeldekorationen reich geschmückt: Der dreieckige Giebel zeigt Fischgrätmuster, Stäbe, Ähren und eine vorgeblendete Rosette. Im **Innern** wird der Raumeindruck vom 17 m hohen **Mittelschiff** beherrscht. Rechter Hand öffnet sich die zweistöckige, *Lauenburger Chor* genannte Emporenloge der Herzöge von Sachsen-Lauenburg, die im 17. Jh. als Landesherren in Ratzeburg residierten. Schräg gegenüber fällt die reich geschnitzte *Emporenkanzel* mit Schalldeckel auf (1576). Ein sehr plastisches Relief der Rückwand zeigt ein Porträt Georg Uslers, des ersten hier wirkenden evangelischen Predigers.

Vor dem etwas erhöhten **Chor** mit seinem um 1200 entstandenen prächtigen Gestühl erheben sich die Figuren der *Kreuzigungsgruppe* von 1260. Dahinter steht der recht klein wirkende *Flügelaltar*. Sein Mittelteil (15./17. Jh.) zeigt in Sandstein, Holz und Silber Passionsszenen, Heiligen- und Apostelfiguren sowie Christus als *Salvator mundi*, als Erlöser der gesamten Welt.

Von 1629 stammt der barocke *Altar* aus Alabaster, Marmor und Sandstein im **südlichen Querschiff**. Seine figurenreichen Reliefs gruppieren sich in Kreuzform um die Szene des Letzten Abendmahls. Sie zeigen waagerecht Geburt und Auferstehung Jesus, in der Senkrechten die Kreuzigung und das Pfingstwunder. Gegenüber im **nördlichen Querschiff** ragt das *Epitaph des Herzogs August von Sachsen-Lauenburg und seiner Gemahlin Katharina* hoch auf. Das Grabmal von 1649 mit seinen fließenden Ornamenten gilt als Meisterwerk des norddeutschen Knorpelstils.

Nördlich davon liegt der **Kreuzgang** aus dem 13. Jh. Er gehört zum nur noch in Resten erhaltenen *Domkloster*, das einst die Prämonstratenser unterhielten. Der kreuzrippenüberwölbte Umgang mit seinen farbenfrohen *Fresken* aus dem 14. Jh. umschließt auf drei Seiten den an die Kirche anschließenden **Klosterhof**. Blickfang ist hier eine Kopie der Plastik *Bettler an Krücken* von Ernst Barlach; das Original ist an der Lübecker Katharinenkirche zu sehen.

Nahe des Braunschweiger Löwen vor dem Dom fällt ein dreiflügeliges Backsteingebäude mit weiß umrahmtem Mittelrisalit auf. Dieses Ende des 18. Jh. entstandene ehem. Herrenhaus der Lauenburger Herzöge beherbergt heute das **Kreismuseum** (Di–So 10–13 und 14–17 Uhr). Seine reich mit Stuck im Stil des Rokoko verzierten Räume bilden die stimmungsvolle Kulisse für Gemälde und weitere Ausstellungsstücke zur Lan-

desgeschichte und Volkskunde. Nebenan ist in einem zweistöckigen Fachwerkbau der ehem. Domkurie das **Andreas-Paul-Weber-Museum** (Di–So 10–13 und 14–17 Uhr) untergebracht. Es zeigt Arbeiten des 1893 in Ratzeburg geborenen Lithographen und Zeichners († 1980), der in seinen zeitkritisch-satirischen Blättern politische und gesellschaftliche Missstände aufs Korn nahm.

Den Platz **Am Markt** im Zentrum der Ratzeburger Altstadt säumen klassizistische Fassaden, z. B. der *Alten Wache*, der ehem. *Regierungskanzlei* sowie des *Alten Rathauses*. Nur wenige Schritte südwestlich ist seit 1956 das **Ernst-Barlach-Museum** (März–Nov. Di–So 10–13 und 14–17 Uhr) eingerichtet. Der ebenfalls klassizistische Fachwerkbau mit dem charakteristischen Walmdach wird auch *Altes Vaterhaus* genannt, da der Bildhauer und Grafiker Barlach (1870–1938) hier Jahre seiner Kindheit von 1878–84 verbrachte. Die Ausstellung zeigt Zeichnungen, Plastiken und Holzschnitte des vielseitigen Künstlers, der auf dem Vorstädter Friedhof von Ratzeburg begraben liegt.

Im Sommer ist auf dem von Wäldern und Parks gesäumten *Ratzeburger See* viel Betrieb, es wird gebadet, gesegelt und gesurft. Auf dem etwas kleineren *Küchensee* sind zudem 2000 m als Regattastrecke für Ruderer ausgewiesen. Hier und am Leistungszentrum der **Ruderakademie** (Domhof 37) trainieren die Sportler der Nationalmannschaft.

Praktische Hinweise

Tel.-Vorwahl Ratzeburg: 0 45 41

Information: Ratzeburg Information, Schlosswiese 7, Tel. 85 85 65, Fax 53 27

Schiff

Personenschifffahrt Ratzeburger See, Schlosswiese 6, Tel. 89 15 73. Mit den Ausflugsbooten kann man kreuz und quer über den See bis zum nördlichen Anleger Rothenhusen schippern. Dort geht's mit einer anderen Linie auf der Wakenitz weiter bis nach Lübeck.

Hotels

*** **Farchauer Mühle**, Farchau, Tel. 8 60 00, Fax 86 00 86, Internet: www.farchauer-muehle.de. Das gutbürgerliche Hotel liegt idyllisch im Süden des Küchensees.

*** **Klempau's Gasthof**, Lübecker Str. 5, Krummesse, Tel. 0 45 08/2 64, Fax 4 60, Internet. www.klempau-hotel.de. Das Landhotel von 1818 am Elbe-Lübeck-Kanal bietet angenehme, modernisierte Zimmer. Fahrradverleih, Kegelbahn, Kinderspielplatz.

*** **Seehof**, Lüneburger Damm 1–3, Tel. 86 01 00, Fax 86 01 02, Internet: www.der-seehof.de. Kleines, in einem Naturschutzgebiet am Ufer des Küchensees gelegenes Hotel. Sehr stimmungsvoll ist die in den See hineingebaute Caféterrasse.

Restaurant

Erlenhof, Alte Salzstraße 7, Pogeez, 8 km nordwestlich von Ratzeburg, Tel. 8 60 60, Fax 86 06 66. In dem rustikalen Restaurant genießt man Wild- und Fischspezialitäten.

46 Mölln

Gemütliche Eulenspiegelstadt und Kneippkurort an der Salzstraße.

Aus Geldmangel verpfändeten die herzoglichen Landesherren von Sachsen-Lauenburg das bereits seit rund 150 Jahren bestehende Mölln 1359 an Lübeck. In dessen Besitz blieb die Stadt auf einer südöstlich in den Möllner See hineinragenden Halbinsel bis 1683. Zwei wichtige **Handelsrouten** verliefen damals über Mölln zur ›Königin der Hanse‹: die *Alte Salzstraße* und der 1398 fertig gestellte *Stecknitzkanal*. Auf beiden Wegen mussten die Kaufleute nun im aufblühenden Mölln beim dort stationierten Lübecker Stadthauptmann Zoll entrichten.

Von der inzwischen zum **Elbe-Lübeck-Kanal** ausgebauten Wasserstraße aus zeigt sich Möllns Stadtsilhouette ausgesprochen malerisch: Auf einer Hügelkuppe über den dicht gedrängten, mittelalterlichen Gebäuden erhebt sich die 1200–50 entstandene, romanisch-gotische Kirche **St. Nikolai**. Eichen und Linden umgeben den massiven Backsteinbau und mildern seinen wuchtigen Eindruck. Die äußerlich schlichte, im **Inneren** reich mit *Wandmalereien* und geschnitztem Gestühl ausgestattete dreischiffige Basilika birgt im Mittelschiff ein auf einem Balken stehendes *Triumphkreuz* (15. Jh.) des Lübecker Bildhauers Bernt Notke. Im Zentrum des *Chores* steht der reich

Wie ein Juwel in der Fassung liegt Mölln inmitten der blauen Wasser des Sees

mit Heiligenfiguren geschnitzte barocke *Altar* von 1739. Links dahinter befindet sich ein gotischer *Figurenschrein*, der eine seltene Darstellung von Gottvater mit dem Leichnam Christi präsentiert. Daneben ist die *Piscina* aus dem 12. Jh. zu bewundern, das älteste Steinrelief der Kirche. Es zeigt Maria im Kreise von Heiligen.

Am hübschen, kopfsteingepflasterten **Marktplatz** liegt das einzige erhaltene gotische **Rathaus** von Schleswig-Holstein. 1373 erbaut und knapp 100 Jahre später mit einer offenen *Gerichtslaube* ergänzt, fügt sich der mehrfach umgestaltete zweistöckige Backsteinbau harmonisch in das Ensemble historischer Fachwerkhäuser ein. In seinem Inneren illustriert das **Möllner Museum** (Di–Fr 10–12 und 14–17 Uhr, Sa/So 11–16 Uhr) vorwiegend mit Alltagsgegenständen die Geschichte der Stadt.

Nebenan sitzt auf dem **Eulenspiegelbrunnen** mit verschmitztem Lächeln eine Bronzefigur des bekanntesten Einwohners der Stadt, des Possenreißers und hintergründigen Schelms *Till Eulenspiegel*. Er soll 1350 in Mölln gestorben sein und ihm zur Erinnerung und zu Ehren

schuf der hiesige Bildhauer Karl-Heinz Goedtke 1951 diese Plastik.

Mölln ist auch ein bedeutender **Kurort**, in dem die Gäste umfangreiche Anwendungen nach den Methoden des Pfarrers Sebastian Kneipp genießen können – von Armbädern bis zu Wechselgüssen. Wander- und Fahrradwege führen durch die Mischwälder der hügeligen, gewässerreichen Landschaft.

Praktische Hinweise

Tel.-Vorwahl Mölln: 0 45 42

Information: Kurverwaltung Mölln, Hindenburgstraße, am Kurgarten, Tel. 70 90, Fax 8 86 56

Hotel

Waldhalle, Waldhallenweg, Tel. 8 58 80, Fax 85 88 88, Internet: www.waldhalle. de. Ferienwohnungen und Apartments, sehr schön inmitten eines kleinen Waldgebiets gelegen, mit Blick über den Kleinen Schmalsee.

Restaurants

Historischer Ratskeller, Am Markt 12, Tel. 7 80 54. Köstlichkeiten aus Lauen-

Glück soll es bringen, den Daumen des bronzenen Möllner Eulenspiegels zu reiben

burger Seen serviert das urige Lokal im Keller des Rathauses.

Waldhof auf Herrenland, östlich von Mölln nahe des Pinnsees, Tel. 21 15, Fax 60 40. Im Klubraum des sehr guten Restaurants kann man am offenen Kamin Rehgeschnetzeltes oder Hasenrücken kosten. 17 Gästezimmer im oberen Stockwerk.

47 Naturpark Lauenburgische Seen

Idyllisches Wanderparadies, reich an Seen, Kanälen und Mooren.

1960 wurde der Naturpark Lauenburgische Seen eingerichtet, der heute rund 452 km² zwischen Ratzeburger, Möllner und Schaalsee umfasst. Einige Gewässer sind erst seit 1989, nach Wegfall der innerdeutschen Grenze, wieder frei zugänglich. Neben großen Teilen des Schaalsees gehören auch Goldensee oder Dutzower See zu diesen Naturidyllen. An ihren weitgehend bewaldeten oder von Schilfgürteln bewachsenen Ufern locken gemütliche Badeplätze.

Der 15 km lange und bis zu 6 km breite **Schaalsee** bedeckt eine Fläche von 23 km² und an seiner tiefsten Stelle sind es 72 m bis zum Grund. Seine bis zu 25 m hohen Steilufer wechseln mit sandigen Buchten oder flachen Schilfgürteln, in

denen Fischotter, Kormorane, Seeadler und Kraniche zu Hause sind. Motorboote sind hier verboten. Zu den wenigen öffentlichen **Badeständen** am See gehört neben dem mecklenburgischen Zarrentin auch das schleswig-holsteinische Seedorf.

Die Backsteinkirche **St. Klemens und Katharina** in Seedorf stammt aus dem 12. Jh., ebenso die meisten ihrer großflächigen *Gewölbemalereien*. Im Chor sieht man z. B. einen überlebensgroßen, an byzantinische Vorbilder erinnernden Christus, daneben eine stark vergrößerte Darstellung von Maria (15. Jh.). Ungewöhnlich ist die Abbildung einer Teufelsfigur im Langhausgewölbe.

Von dem Dorf Salem aus führen schöne **Wanderwege** am Piper- und Pfuhlsee entlang nach Dargow oder über den bewaldeten Seedorfer Werder nach Seedorf. Ein schmaler Pfad erlaubt den Zugang ins nordwestlich des Ortes gelegene Naturschutzgebiet **Salemer Moor**, das in lichten Birkenwäldern 2–5 m hohe Torfschichten aufweist.

Praktische Hinweise

Tel.-Vorwahl Seedorf und Dargow: 0 45 45

Information: Ratzeburg Information, Schlosswiese 7, Ratzeburg, Tel. 0 45 41/ 85 85 65, Fax 53 27

Hotel

Schoppenhof, Schaalseeufer 1, Dargow, Tel. 13 77, Fax 13 37, Internet: www. schoppenhof.de. Komfortabel eingerichtete, günstige Ferienwohnungen und Apartments am See in ehem. Bauernhof. Mit Garten, Pferde- und Ponykoppel, Sauna, Fahrrad- und Bootsverleih.

Restaurants

Maräne, Dorfstr. 12, Großzecher, Tel. 13 71. Beliebtes Fischrestaurant am Schaalsee, während der Saison (Mai–Sept.) wird Schalseemaräne, eine schmackhafte Renkenart, zubereitet.

Räucherei Buuck, Kranichwinkel, Dargow, Tel. 2 32. Köstliche Räucherfische, je nach Saison z. B. Aal, Maräne oder Karpfen.

48 Lauenburg

Pittoreskes Schifferstädtchen am Steilufer der Elbe.

Bernhard von Askanien gründete 1182 auf einer Anhöhe über dem Nordufer der Elbe die Feste *Lavenburg*, gerade da, wo die *Alte Salzstraße* kreuzte. Parallel zu Letzterer wurde im Mittelalter mit dem **Stecknitzkanal** eine der ersten künstlichen Wasserstraßen Nordeuropas geschaffen. Auf dem 1398 fertig gestellten Kanal wurden um 1600 nahezu 1000 Schiffe pro Jahr getreidelt. Lauenburg profitierte ab dem 15. Jh. wirtschaftlich von dem regen Schiffsverkehr. An diese Blütezeit erinnert die **Palmschleuse** östlich der Stadt aus dem Jahre 1725, die als eine der ältesten gemauerten Kammerschleusen Europas gilt. Seit über 100 Jahren verbindet der überwiegend im Bett des Stecknitzkanals verlegte **Elbe-Lübeck-Kanal** Lauenburg mit der Ostseemetropole im Norden. Seine Bedeutung als Handelsweg wird jedoch längst von der als Wasserstraße für Freizeitboote übertroffen.

Den besten Blick auf die dicht gedrängten Fachwerkhäuser von Lauenburg und den spitzen, kupferbeschlagenen Turm der Maria-Magdalenen-Kirche hat man vom gegenüberliegenden, niedersächsischen Hohnsdorfer Elbdeich. Auf dem steilen Hang thronte einst das **Schloss** der askanischen Herzöge. Davon blieb nach einem schweren Brand 1616 nur noch der runde Backsteinturm. Auf ihm gewährt eine Aussichtsplattform

einen schönen Blick auf Altstadt und Elbe. Ringsum breitet sich die moderne **Oberstadt** aus.

Kurvenreiche Straßen und Wege führen zum alten Stadtkern am Elbufer, in die **Unterstadt**. Hier laden idyllische, mit Kopfstein gepflasterte Gassen zu einem Bummel ein. Es lohnt sich, die am Fluss entlangführende *Elbstraße* mit ihren Fachwerkhäusern, der *Alten Apotheke*, dem *Alten Schifferhaus* oder dem *Fährleutehaus* aus dem 16. und 17. Jh. entlangzuschlendern. In dem ebenfalls aus Backsteinen errichteten *Alten Rathaus* ist heute das **Elbschifffahrtsmuseum** (März–Okt. tgl. 10–13 und 14–17 Uhr, Nov.–Febr. Mi/Fr–So 10–13 und 14–16.30 Uhr) untergebracht. Modelle und Schaubilder verdeutlichen die Entwicklung der hiesigen Flussschifffahrt vom prähistorischen Einbaum bis zum modernen Schlepper. Direkt am Elbufer, beim alten Anleger, scheint **Der Rufer**, eine Bronzeplastik von Karl-Heinz Goedtke, einem Fährmann ein lautes ›Hol mi mol röber!‹ zuzurufen.

Die in ihren Ursprüngen aus dem frühen 13. Jh. stammende **Maria-Magdalenen-Kirche** diente im 16./17. Jh. als Grablege der Landesherren von Sachsen-

Die Lauenburger Altstadt besteht aus malerischen historischen Fachwerkhäusern

Lauenburg. Daran erinnern die 18 teilweise mit reichen Gravuren versehenen *Metallsärge* in der herzoglichen Gruft. Im einschiffigen Kirchenraum führt das Ende des 15. Jh. entstandene Tafelbild *Lust der Welt* die Vergänglichkeit des Irdischen eindrucksvoll vor Augen. Es zeigt ein wohlhabendes Paar beim Tanz: einmal mit rosigen Wangen in der Blüte ihres Lebens und daneben als vom Tod gezeichnete Skelette.

Praktische Hinweise

Tel.-Vorwahl Lauenburg: 0 41 53

Information: Abteilung Touristik & Kultur der Stadt Lauenburg, Schloss, Amtsplatz 6, Tel. 59 09 80, Fax 58 24 22

Schiff

Schaufelraddampfer Kaiser Wilhelm, Tel. 0 41 02/6 17 35. Das mit Kohle betriebene Museumsschiff nahm um die Jahrhundertwende seinen Dienst auf und pendelt noch heute auf der Elbe zwischen Lauenburg und Hitzacker (Mi/Do 18–20 Uhr).

Reederei Fredy Eschke, Sägemühlenweg 35, Tel. 25 36. Bootsausflüge zum Schiffshebewerk Scharnebeck am Elbe-Seitenkanal, nach Geesthacht (wo Alfred Nobel das Dynamit erfand) oder Boizenburg.

Hotels

Möller, Elbstr. 44 –50, Tel. 5 90 80, Fax 59 08 59, Internet: www. hotelmoeller.de. Freundliches Hotel gegenüber der Anlegestelle in einem Backsteinbau von 1561. Die meisten Zimmer bieten einen hübschen Elbblick.

Zum alten Schifferhaus, Elbstr. 114, Tel. 5 86 50, Fax 58 65 66, Internet: www.schifferhaus.de. Direkt an der Elbe in einem malerischen Winkel der Altstadt gelegenes, rustikales Fachwerkhaus.

Restaurants

Palmschleuse, Bei der Palmschleuse 6, Tel. 29 73. Ausflugslokal mit Hausmannskost und Caféterrasse an der alten Kammerschleuse.

Lauenburger Mühle, Bergstr. 17, Tel. 25 21. In der 125 Jahre alten Windmühle ist neben dem Restaurant ein Museum eingerichtet, in der Cafeteria erhält man Knuspriges aus dem Landbackofen.

49 Sachsenwald

Ein Eiserner Kanzler und 1000 Schmetterlinge teilen sich den Wald.

Das unter Naturschutz gestellte Tal des Flüsschens *Bille* begrenzt mit Wiesen, Feuchtgebieten und herrlichem Baumbestand den Sachsenwald nach Westen, im Osten reicht er bis Schwarzenbek. Dieses mit 70 km^2 Ausdehnung größte zusammenhängende **Waldgebiet** Norddeutschlands gehört der Familie Bismarck, seit Preußenkönig Wilhelm I. es Otto Fürst von Bismarck – dem *Eisernen Kanzler* –

Seit mehr als 400 Jahren in Betrieb: die Palmschleuse des Elbe-Lübeck-Kanals

Stimmungsvolle Kulisse für Kunst und Kultur bietet das Reinbeker Schloss

1871 für dessen politische Verdienste geschenkt hatte. Nach seiner Entlassung als Reichskanzler 1890 durch Wilhelm II. lebte Bismarck bis zu seinem Tod 1898 im *Sachsenwalder Schloss* bei **Friedrichsruh**. Das Herrenhaus ist nicht zu besichtigen, wohl aber die letzte Ruhestätte des Politikers, das pompöse **Bismarck-Mausoleum** im nahen Aumühle. Geschichtsinteressierte besuchen auch häufig das **Bismarck-Museum** (April–Sept. Mo 14–18 Uhr, Di–So 9–18 Uhr, im Winter kürzer) in Friedrichsruh. In dem schmucken, weiß getünchten Fachwerkbau von 1887 erinnern Dokumente, Fotos und persönliche Gegenstände an den Reichskanzler.

Als unpolitische Attraktion von Friedrichsruh zieht der **Garten der Schmetterlinge** (tgl. 9–17 Uhr, Schmetterlingshäuser Nov.–Ostern geschl.) im Sommer viele Besucher an. Unter den Kuppeln zweier Glashäuser sind in feuchtwarmem Klima Hunderte tropischer und einheimischer Falter zu Hause.

Reinbek, am westlichen Rand des Sachsenwaldes gelegen, gilt als attraktiver Wohn- und Arbeitsort im Grünen nahe von Hamburg. Besonders schön sind die in warmen Rot- und Brauntönen gehaltenen Backsteinmauern des zweistöckigen **Reinbeker Schlosses**. Herzog Adolf von Holstein-Gottorf ließ es Mitte des 16. Jh. mit zwei Seitenflügeln im Stil der Renaissance errichten, verwitwete Herzoginnen zogen sich im 16./17. Jh.

gern auf das ruhige Anwesen zurück. Die sorgfältg restaurierte Anlage wird heute von der Stadt als **Kulturzentrum** für Veranstaltungen und Ausstellungen genutzt. So finden im stimmungsvollen Innenhof vor den Arkaden bzw. in den weiten Sälen mit z. T. bemalten Deckenbalken im Sommer Konzerte des *Schleswig-Holstein Musikfestivals* statt.

Praktische Hinweise

Information: Kulturamt Stadt Reinbek, Hamburger Str. 7, Tel. 0 40 / 72 75 00, Fax 7 22 94 07. – Rathaus Aumühle, Bismarckallee 21, Tel. 0 41 04 / 9 78 00

Hotel

***** **Waldhaus Reinbek**, Loddenallee, Tel. 0 40 / 72 75 20, Fax 72 75 21 00, Internet: www.waldhaus.de. Elegante Herberge am Rande des Sachsenwaldes, mit Wellnessangeboten und ambitioniertem Restaurant.

Restaurants

Fürst Bismarck Mühle, Aumühle, Tel. 0 41 04 / 20 28. Traditionsrestaurant in einer Wassermühle (16. Jh.). Anbei 6 Gästezimmer mit antiken Möbeln.

Grander Mühle, Lauenburger Str., Kuddewörde, ca. 12 km nordöstlich von Reinbek, Tel. 0 41 54 / 24 12. Gemütliches Lokal in einer Kornmühle mit regionalen Spezialitäten (Mo/Di geschl.).

Schleswig-Holstein aktuell A bis Z

Vor Reiseantritt

ADAC Info-Service:
Tel. 0 18 05/10 11 12, Fax 30 29 28
(0,12 €/Min.)

ADAC im Internet:
www.adac.de

Schleswig-Holstein im Internet:
www.sh-tourismus.de
www.schleswig-holstein.de

Tourismus-Agentur Schleswig-Holstein GmbH, Walkerdamm 17,
24103 Kiel, Tel. 0 18 05/60 06 04, Fax
60 06 44, E-Mail: info@sh-tourismus.de

Detaillierte Auskünfte erteilen folgende **Regionalverbände:**

Touristik Süd-West-Holstein,
Viktoriastr. 14, 25524 Itzehoe, Tel.
0 48 21/6 94 72, Fax 6 93 13, Internet:
www.touristik-sued-west-holstein.de

Touristikzentrale Dithmarschen,
Alleestr. 12, 25761 Büsum,
Tel. 0 48 34/9 00 10, Fax 9 00 50,
Internet: www.dithmarschen.de

**Fremdenverkehrsgemeinschaft
Eiderstedt**, Am Markt 26, 25836 Garding, Tel. 0 48 62/4 69, Fax 12 25

Nordsee-Tourismus-Service,
Zingel 5, 25813 Husum, Tel. 0 18 05/
06 60 77, Fax 0 48 41/48 43, Internet:
www.nordseetourismus.de

Schleswig-Holstein Binnenland, Stapelholmer Weg 13, 24963 Tarp, Tel.
0 46 38/2 10 88 80, Fax 2 10 88 81, Internet: www.schleswig-holstein-binnen
land.de

Holsteinische Schweiz Tourismus,
Bahnhofstr. 4a, 23714 Bad-Malente-Gremsmühlen, Tel. 0 45 23/20 01 00,
Fax 2 00 10 22, Internet:
www.holsteinischeschweiz.de

Tourismus Mittelholstein, Niederstr.
6, 24589 Nortorf, Tel. 0 43 92/8 96 10,
Fax 8 96 11, Internet:
www.mittelholstein.com

Ostseebäderverband Schleswig-Holstein, Strandallee 75a,
23669 Timmendorfer Strand, Tel.
0 18 05/70 07 08, Fax 70 07 09, Internet: www.ostsee-schleswig-holstein.de

Tourist-Information Nord-Ostsee-Kanal, Altes Rathaus, 24768 Rendsburg, Tel. 0 43 31/2 11 20, Fax 2 33 69

Tourismusverband Alte Salzstraße,
Am Markt 10, 23909 Ratzeburg,
Tel. 0 45 41/20 06, Fax 8 45 53,
Internet: www.salzstrasse-info.de

Allgemeine Informationen

Tourismusämter

Die einzelnen Fremdenverkehrsämter
sind unter **Praktische Hinweise** bei den
jeweiligen Orten aufgeführt. Auskunft
erteilen auch die regionalen Informationsstellen (s. o.).

Notrufnummern und Adressen

Polizei: Tel. 110

Feuerwehr: Tel. 112

Notarzt: Tel. 115

ADAC Pannenhilfe: Tel. 0 18 02/22 22 22
(0,06 €/Anruf). Im Mobilfunk ohne Vorwahl.

ADAC Geschäftsstellen: Saarbrückenstr. 54, 24114 Kiel. – Schleswiger Str.
130, Förde Park, 24941 Flensburg. –
Katharinenstr. 11, 23554 Lübeck. –
Großflecken 71, 24534 Neumünster. –
Berliner Allee 38–44, Herold-Center,
22850 Norderstedt. – Donnerschweer
Str. 237, 26123 Oldenburg. – Elmshorner Str. 73, 25421 Pinneberg

◁ **Links oben:** *Vogelbeobachter kommen an
den Küsten reichlich auf ihre Kosten*

Rechts oben: *Straßenverkauf von frischem
Obst und Gemüse im Marschland*

Links Mitte: *Vor dem Fischrestaurant
Gosch auf Sylt gibt es Muscheln zu kaufen*

Rechts Mitte: *Radfahren auf dem Deich –
Ausflug zwischen Land und Meer*

Links unten: *Pferdekutschen wird auf Amrum der Vorzug vor Kraftfahrzeugen gegeben*

Rechts unten: *Surfer genießen Wind und
Wellen vor Sylt in vollen Zügen*

Aktuell A bis Z

Österreichischer Automobil Motorrad und Touring Club
ÖAMTC Schutzbrief-Nothilfe:
Tel. 00 43/(0)1/2 51 20 00
Touring Club Schweiz
TCS Zentrale Hilfsstelle:
Tel. 00 41/(0)2 24 17 22 20

Behinderte

Der ›WeiteWelt‹ Reiseservice unterstützt Menschen mit Handicap bei der Urlaubsplanung in Schleswig-Holstein. Auskunft unter Tel. 0 45 21/40 19 54, Internet: www.weitewelt-reiseservice.de

Gezeiten

An der Nordseeküste beträgt der Tidenhub bis zu 3 m. Ebbe und Flut wechseln etwa alle 12 Std.

Kinder

Die Tourismus-Agentur Schleswig-Holstein gibt die Boschüre **Familie** heraus. Zusätzlich können Besucher bis 14 Jahre bei allen Fremdenverkehrsämtern einen kostenlosen **Kinderpass** abholen. Er enthält viele Gutscheine und Bonusabschnitte, mit denen die Kleinen auf Ausflüge, Besichtigungen oder Schwimmbadbesuche Preisnachlässe erhalten.

Anreise

Auto

Von Süden führen zwei Autobahnen nach Schleswig-Holstein: die A 1 von Nordrhein-Westfalen über Bremen und Hamburg nach Lübeck und Oldenburg sowie die A 7 über Hannover und Hamburg nach Neumünster und Flensburg, mit einem Abzweig (A 215) nach Kiel. Die A 24 verbindet Berlin mit Hamburg. Von dort aus erreicht man die Nordseeküste am schnellsten über die A 23, die von Hamburg über Itzehoe nach Heide führt. Landschaftlich schöne Strecken sind die **Grüne Küstenstraße**, die sich von Amsterdam bis nach Skagen im Norden Dänemarks entlang der Ostsee zieht, oder die **Deutsche Ferienstraße Alpen– Ostsee**, an der in Schleswig-Holstein reizvolle Orte wie Lauenburg, Mölln oder Lübeck liegen. Vom östlichen Mecklenburg-Vorpommern aus führt die **Nordostdeutsche Hansestraße** über Stralsund, Rostock und Wismar nach Lübeck.
Umfangreiches **Informations-** und **Kartenmaterial** können Mitglieder des ADAC in Deutschland kostenlos unter Tel. 0 18 05/10 11 12 (0,12 €/Min.) anfordern. Im ADAC Verlag sind außerdem die Länderkarte *Schleswig-Holstein, Hamburg* (1:250 000), die Städte- und Gemeindeatlanten *Kiel, Flensburg* und *Lübeck* sowie die Stadtpläne *Ahrensburg, Bad Segeberg, Eckernförde, Geesthacht, Husum, Lübeck, Oldenburg, Ratzeburg, Schleswig* und *Wedel* erschienen.

Bahn

Über Hamburg sind sowohl die Küstenregionen als auch Mittelholstein bis nach Flensburg mit der Bahn gut erreichbar. Mehrere IC-Züge fahren nach Sylt, von Niebüll aus kann man mit dem **Autoreisezug** über den Hindenburgdamm Westerland erreichen. Es bestehen Direktverbindungen von Dortmund, Düsseldorf, Frankfurt oder Stuttgart aus.

Fahrplanauskunft:
Deutschland
Deutsche Bahn, Tel. 1 18 61 (persönliche Auskunft, gebührenpflichtig), Tel. 08 00/1 50 70 90 (sprachgesteuert, kostenlos), Internet: www.bahn.de
Deutsche Bahn AutoZug, Tel. 0 18 05/24 12 24, Internet: www.autozug.de
Österreich
Österreichische Bundesbahn, Tel. 05 17 17, Internet: www.oebb.at
Schweiz
Schweizerische Bundesbahnen, Tel. 09 00 30 03 00, Internet: www.sbb.ch

Flugzeug

In Schleswig-Holstein werden Lübeck (Tel. 04 51/58 30 10), Sylt (Tel. 0 46 51/ 9 20 60), Kiel (Tel. 04 31/32 91 90) und Helgolands Flughafen (Tel. 0 47 25/4 11) angeflogen. Letzterer liegt auf der Düne, d. h. zwischen Terminal und Insel befördern Börteboote die Passagiere.

Schiff

Zahlreiche Fähren und Schiffe pendeln zwischen Skandinavien oder dem Baltikum und den deutschen Fährhäfen der Ostsee. Einige Urlaubsziele in Schleswig-Holstein, wie die **Halligen**, sind nur mit dem Schiff zu erreichen. Wenn es der Wasserstand erlaubt, verkehren im Sommer Autofähren auf die Nordseeinseln, nach **Amrum** und **Föhr** z. B. von Dagebüll oder Schlüttsiel aus. Das ganze

Jahr über ist **Helgoland** mit dem Schiff etwa von Cuxhaven aus zu erreichen. Weitere Informationen sind im Hauptteil unter **Praktische Hinweise** aufgeführt. Überdies erteilen sowohl die **Tourismus-Agentur Schleswig-Holstein**, Tel. 0 18 05/60 06 04, als auch der **ADAC Kiel**, Tel. 04 31/6 60 21 44, Auskunft über aktuelle Fährverbindungen.

öffnet. Auch auf den Inseln sind heutzutage **Geldautomaten** häufig, an denen man mit Eurocheque- oder einer der gängigen Kreditkarten unabhängig von den Schalterstunden Bargeld abheben kann.

Post

Postämter sind Mo–Fr 9–12 und 14–18 Uhr, Sa 9–12 Uhr geöffnet.

Bank und Post

Bank

Banken sind meist Mo–Fr 9–13 und 14.30–16 Uhr, Do häufig bis 18 Uhr ge-

Einkaufen

Öffnungszeiten

Die meisten Geschäfte öffnen Mo–Fr 9–18/18.30 Uhr, Sa 9–14 Uhr; nur in

Herzhaftes für Leib und Seele

Die deftigen und kräftigen Gerichte aus Omas Kochbuch findet man nur selten in Gaststätten oder Restaurants. Man hält sie wohl für zu schwer oder will dem Gast keine geschmacklichen Experimente zumuten, denn die hiesigen Köche kombinieren oft verschiedene Geschmacksrichtungen. **Gröner Heini***, also Birnen, Bohnen und Speck oder Kochwurst, schmeckt süß-sauer, ebenso kandierte Röstkartoffeln oder Hecht mit Stachelbeerkompott. Allein schon die originellen Namen verdienen Beachtung, wie* **Schwarzsauer***, ein kräftiger, mit Blut gekochter Schlachteintopf, oder* **Lübecker National** *mit Steckrüben, Kassler und Kartoffeln. Das bekannteste Küstengericht ist wohl der* **Labskaus***, eine Mischung aus durchgedrehtem Pökelfleisch, Kartoffelmus, Matjes und Roten Beeten.* **Dickmusik** *nennt sich ein Eintopf aus der Probstei mit Möhren, Lauch, Bohnen, Erbsen, Kartoffeln und durchwachsenem Speck,* **Snüsch** *heißt ein buntes Gemüsepotpourri, zu dem geräucherte Wurst, Schinken oder Salzheringe serviert werden.*

Zum Nachtisch gibt es **Mehlbüddel***, Teigklöße, die mit Dörrobst oder mit Specksoße und Sirup gereicht werden. Zur Herstellung von* **Rode Grütt** *(hochdeutsch: Rote Grütze) sind aufgekochte rote Früchte und Beeren nötig, die man pur servieren kann, mit Sahne, Gries, Vanillesoße oder mit Eis. Als Höhepunkt norddeutscher Back-*

Früchte des Meeres sind eine unverzichtbare Bereicherung der lokalen Küche

kunst gilt die **Friesentorte***, eine verführerische Komposition aus Blätterteig, würziger Creme, Sahne und Pflaumenmus.*

Manchmal hilft nach dem reichhaltigen Essen nur noch ein **Köm***, ein Aquavit oder Kornbrand. Gern werden auch herbfrische Biere aus Dithmarschen und Flensburg sowie* **Bölkstoff** *aus Kiel getrunken. Eine Besonderheit ist der importierte, in Eichenfässern gereifte französische Rotwein. Nach einigen Jahren Lagerzeit erhält er eine unverwechselbare Geschmacksnote und heißt dann* **Lübecker Rotspon***. Bei kaltem Wetter kann ein heißer* **Grog** *die Lebensgeister wieder wecken: Wasser, Zucker, vor allem aber Rum gehören dazu. Für einen* **Eiergrog** *werden Eigelb, Rum und Zucker in heißem Wasserbad geschlagen. Auch ansonsten ist Rum unverzichtbar, als* **Pharisäer** *kommt er mit Kaffee, als* **Tote Tante** *mit Kakao zu Ehren, beides aber bitte mit Sahne.*

den größeren Städten bis 20 Uhr bzw. 16 Uhr.

Lebensmittel

Beliebte kulinarische Mitbringsel sind z. B. Kieler Sprotten, wahlweise geräucherte Bücklinge, Makrelen, Aale oder Krabben. In speziellen Katen werden köstliche **Rauchmettwürste** und **-schinken** hergestellt. In Lübeck verkauft die Firma Niederegger Köstlichkeiten aus **Marzipan**.

Souvenirs

In den Hafenorten beider Küsten gibt es allerlei Maritimes und Landestypisches zu kaufen, etwa **Buddelschiffe** und **Friesennerze**, die bekannten gelben Regenjacken. Darüber hinaus ist Kellinghusen, zwischen Itzehoe und Bad Bramstedt gelegen, bekannt für seine **Fayencen**, Fliesen mit traditionellen Motiven. In Malente kann man **Glasbläsern** bei der Arbeit zusehen und ihre Produkte erstehen, und das Handwerkerstädtchen Preetz gilt als gute Adresse für den Kauf von **Holzschuhen**. In Neustadt an der Lübecker Bucht wird die alte Kunst des **Blaudrucks** mit Indigo gepflegt. Individuelles Design zeichnet die **Töpferwaren** von Fehmarn aus und auch in Keitum auf Sylt bieten viele **Kunsthandwerker** ihre Arbeiten an.

Essen und Trinken

Schleswig-Holstein ist ein Dorado für Liebhaber von **Fischgerichten** und **Meeresfrüchten**. Ob Hering oder Hummer, Aale oder Austern, besonders gut schmeckt es, wenn man den Fang an der Küste direkt vom Kutter kauft und frisch zubereitet. Sehr beliebt sind auch Dorsch und Sprotte. Im Binnenland ergänzen Süßwasserfische wie Hecht, Karpfen oder Maräne, eine seltenere Art der Renken, das reiche Angebot. Neben Fleisch runden Obst und Gemüse, v. a. Kohl, das kulinarische Angebot des hohen Nordens ab.

Verfeinerte lokale Spezialitäten bieten mehrere Restaurants während der **Nordischen Tafelfreuden** von November bis März (Internet: www.nordische-tafelfreuden.de) sowie des **Schleswig-Holstein Gourmet-Festivals** zwischen Oktober und Februar (Tel. 0 48 81/9 39 00).

Feste und Feiern

Feiertage

Gesetzliche Feiertage sind Neujahr, Karfreitag, Ostermontag, 1. Mai (Tag der Arbeit), Christi Himmelfahrt, Pfingstmontag, 3. Oktober (Tag der Deutschen Einheit), 31. Oktober (Reformationstag), 25./26. Dezember (Weihnachten).

Feste

Februar
Am 21. Februar wird auf den nordfriesischen Inseln und den Halligen der Winter beim **Bijkebrennen** ausgetrieben. Dazu werden hoch aufgeschichtete Berge, *Bijke*, aus Holz, Gestrüpp und Stroh in Brand gesteckt.

Marne: Die norddeutsche Jeckenhochburg lädt zu **Karnevalsfestivitäten**, zum Rosenmontagszug und Prunksitzungen.

Kiel: Ende Februar trifft man sich beim **Kieler Umschlag**, im Mittelalter wichtigster Termin des Jahres für jegliche Art von Finanzgeschäften, heute ein Volksfest mit Jahrmarkt.

April
Wedel: Beim **Ochsenmarkt** am 3. Mittwoch im April wechseln jedes Jahr rund 600 Tiere den Besitzer.

Mai
Jübek: Beim **Sandbahnrennen** in dem nordwestlich von Schleswig gelegenen Ort messen die besten Fahrer der Welt am 1. Sonntag im Mai ihre Fähigkeiten. Dem glücklichen Sieger winkt die *Egon Müller Trophy*.

Pellworm: Ende Mai trifft man sich zu geführten Wanderungen, Vorträgen und Konzerten zu den **Rungholttagen**.

Kappeln: Während der **Heringstage** dreht sich hier alles um den leckeren Fisch.

Nordfriesland: Die **Nordfriesischen Lammtage** werden u. a. mit knusprigem Lammbraten gefeiert. Auf der Eiderstedter Halbinsel wählt man sogar eine Lammkönigin.

Zu Pfingsten beginnen in vielen Gemeinden **Gilde- und Schützenfeste**, an der Nordfriesischen Küste werden **Ringreitturniere** veranstaltet. Dabei versuchen Reiter, einen an zwei Seilen herabhängenden Ring im Galopp mit einer Lanze aufzuspießen.

Die Waffen sollen ruhen – zeitgenössische Wikingerschar beim Schleswiger Festtag

Preetz: Am letzten Samstag im Mai feiert die Kleinstadt ihr **Schusterfest** mit Musik und Tanz.

Flensburg: Alte Schoner und Windjammern segeln bei der internationalen **Rum-Regatta** um die Wette.

Juni
Glückstadt: Zarte Heringsfilets stehen bei den **Glückstädter Matjeswochen** Mitte Juni im Mittelpunkt des Interesses.

Heide: Der **Heider Marktfrieden** erinnert alle zwei Jahre an die Tage der Bauernrepublik Dithmarschen. Auf dem Marktplatz herrscht buntes, mittelalterliches Treiben.

Krempe: Ende des Monats beherrschen Fahnenschwenker und Tamboure den Marktplatz beim **Fest der Kremper Stadtgilde.**

Kiel: Die **Kieler Woche** wird mit Wettfahrten der weltbesten Segler sowie buntem Treiben entlang der Kais begangen.

Grömitz/Travemünde: Ende Juni/Anfang Juli finden die **Grömitzer** und **Travemünder Woche** mit Segelregatten statt. An Land wird mit Tanzveranstaltungen und Budenzauber kräftig gefeiert.

August
Büsum: Bei der **Büsumer Kutterregatta** Anfang August geht es fröhlich zu, wenn unter den örtlichen Fischkuttern das schnellste Schiff ermittelt wird.

Friedrichstadt: Ebenfalls zu Beginn des Monats werden hier die **Ringreittage** mit abschließendem Turnier abgehalten.

Schleswig: Wikingerfans aus ganz Europa treffen sich alle zwei (geraden) Jahre am 1. Augustwochenende zu den **Wikingertagen** in Haithabu bei Schleswig.

Grömitz Umgebung: Zum **Cismarer Klosterfest** stellen die besten Kunsthandwerker des Landes ihre Erzeugnisse aus, beim **Töpfermarkt** in Kellenhusen werden Keramiken und Fayencen feilgeboten.

Heiligenhafen: Das **Heiligenhafener Hafenfest** bietet Gelegenheiten, sich zu Konzerten, zum Fischessen oder zum Schwofen rund um die Hafenbecken zu treffen.

Helgoland: Einer der Höhepunkte des **Brückenfests** auf der Insel ist die Regatta der Börteboote, die ansonsten Passagiere der Ausflugsschiffe sicher an Land bringen.

September
Dithmarschen: Die **Dithmarscher Kohltage** werden in der gesamten Region mit Volksfesten und sportlichen Wettkämpfen gefeiert. Daneben stehen die kulinarischen Köstlichkeiten aus Kohl im Vordergrund und zahlreiche Restaurants bieten in dieser Zeit so genannte 3-Taler-Gerichte (für etwa 5 €) zum Probieren an.

Fehmarn/Damp: Bei den **Drachenfesten** Mitte bzw. Ende September steigen abenteuerlichste Konstruktionen in die Lüfte.

Sylt: Auf der Insel treffen sich die besten Windsurfer der Welt zum **Surf World Cup**, mit anschließender Riesenfete.

Lübeck: Zum **Altstadt- und Hafenfest** verwandelt sich die Altstadt in einen ausgedehnten Festplatz.

Dezember
Lübeck: Der **Weihnachtsmarkt** auf dem mittelalterlichen Rathausplatz gilt als einer der schönsten im Norden Deutschlands.

Klima und Reisezeit

Im Osten und Westen vom Meer eingefasst, herrscht in Schleswig-Holstein ausgesprochenes **Seeklima:** Die Sommer sind mäßig warm und die Winter mild. Mai bis August gelten als sonnenreichste Monate und im Hochsommer erwärmt sich das Wasser in Nord- und Ostsee auf 16–19°. Im Herbst treten zahlreiche Stürme auf, die der Nordseeküste schon mal ›Land unter‹ bringen. Vom Meer her weht das ganze Jahr über beständiger

Wind und das Wetter kann schnell umschlagen. Segler erhalten Informationen zum Ost- und Nordseewetter unter Tel. 01 90/11 69 31 oder auch im Internet: www.wetter.com.

Klimadaten Kiel

Monat	Luft (°C) min./max.	Wasser (°C)	Sonnen- std./Tag	Regen tage
Januar	-2/ 2	2	1	18
Februar	-2/ 3	2	2	16
März	0/ 6	3	3	13
April	3/11	6	5	13
Mai	7/15	11	8	12
Juni	11/19	16	8	14
Juli	13/22	18	7	14
August	13/21	18	6	15
September	11/18	16	5	15
Oktober	7/13	12	3	17
November	3/ 7	8	2	19
Dezember	0/ 4	5	1	19

(Wassertemperaturen Travemünde)

Kultur live

Juni
Landesweit: Organisten von Rang spielen bei den **Nordelbischen Kirchenkonzerten** auf den teils historischen Orgeln verschiedener Gotteshäuser.

Bad Segeberg: Von Ende Juni bis Anfang September reiten Old Shatterhand und sein roter Bruder Winnetou über die Freilichtbühne von Bad Segeberg, das seit fast 50 Jahren die **Karl-May-Festspiele** ausrichtet. Kartenvorverkauf: Tel. 0 45 51/9 52 10, Internet: www.karl-may-spiele.de.

Juli
Sylt: Bis in den August bietet das **Meerkabarett** ein buntes Spitzenprogramm im Veranstaltungszelt von Westerland.

Landesweit: Im Juli/August finden in Scheunen, Herrenhäusern etc. klassische Konzerte des **Schleswig-Holstein Musikfestivals** statt. **Information:** Jerusalemsberg 7, Lübeck, Tel. 04 51/38 95 70, Fax 3 89 57 57. Kartenbestellung: Tel. 08 00/74 63 20 02, Fax 5 70 47 47, Internet: www.shmf.de.

Eutin: Anfang Juli beginnen die **Carl-Maria-von-Weber-Sommerspiele** mit Opern- und Konzertaufführungen. Information und Kartenbestellung, Tel. 0 45 21/8 00 10, Fax 30 01, Internet: www.eutiner-sommerspiele.de.

Schleswig: Als Höhepunkt der **Schlossfestspiele Schleswig** von Ende Juli bis Mitte August wird jedes Jahr Hugo von Hoffmannsthals Spiel vom Leben und Sterben des reichen, egoistischen ›Jedermann‹ aufgeführt.

November
Lübeck: Filmemacher aus dem Ostseeraum treffen sich mit Zuschauern und Kritikern zu den **Nordischen Filmtagen.**

Kuren

Die salzhaltige Luft am Meer gilt als besonders hilfreich bei Haut- und Lungenproblemen. Viele Seebäder an Ost- und Nordsee bieten *Thalassotherapie* an, eine Kombination aus klima- und bädertherapeutischen Maßnahmen, häufig zeitgemäß als Wellness-Programm angepriesen. Auf *Kneipp-Kuren* mit Wassertherapie, Bewegungstraining, kalorienreduzierter Vollwertkost und Entspannungsübungen haben sich die Orte Malente, Mölln und Gelting spezialisiert.

Der Heilbäderverband gibt über die Tourismus-Agentur Schleswig-Holstein die Broschüre **Fitness und Kuren** heraus mit aktuellen Kurorten und Angeboten.

Kurtaxe

An den meisten **Stränden** Schleswig-Holsteins zahlen Besucher eine Kurtaxe von 2–4 € pro Tag, je nach Lage und Saison. Kinder sind häufig von dieser Gebühr ausgenommen. Die Einnahmen werden meist dafür verwendet, Strände und Promenaden zu pflegen oder Rettungsdienste zu finanzieren.

Seit einigen Jahren erkennen die meisten schleswig-holsteinischen Ferienorte ihre *Kurkarten* gegenseitig an. Hat man bereits an einem Urlaubsort bezahlt, kann man also kurtaxepflichtige Einrichtungen eines anderen kostenlos besuchen.

Sport

Angeln
Die Flüsse, Bäche und Seen verfügen über reiche Fischgründe und laden Angler zum Süßwasserfischen ein. Ein **Angelschein** ist allerdings nötig, darüber hinaus meist auch ein *Jahresfischereischein*, den die jeweilige Urlaubsgemeinde ausstellt.

In vielen Häfen entlang der Nord- und Ostseeküste kann man an Bord von Kuttern zum **Hochseeangeln** fahren.

Auskunft erteilt der **Landessportfischerverband Schleswig-Holstein**, Hamburger Chaussee 102, Kiel, Tel. 04 31/ 67 68 18. Sehr informativ ist auch die Broschüre **Angelspaß in Mittelholstein** des Tourismus Mittelholstein [s. S. 131], der u. a. Pauschalangebote mit Unterkünften (einige davon mit Räuchermöglichkeit für den Fang) auflistet.

Baden

Die Strände entlang der etwa 900 km langen Küstenlinie beider Meere sowie die mehr als 300 Seen Schleswig-Holsteins locken zu ausgiebigem Badespaß. Viele Ostseestrände fallen flach ab und sind daher auch für kleinere Kinder gut geeignet. Nicht umsonst ist die **Lübecker Bucht** ausgesprochen beliebt und trägt den scherzhaften Titel *Deutschlands beliebteste Badewanne*.

Ebenso vergnüglich ist es, sich den mächtigen Brandungswellen vor den Nordseestränden von Amrum und Sylt anzuvertrauen. Mitunter können allerdings auch gefährliche **Unterströmungen** auftreten, die selbst gute Schwimmer nicht unterschätzen sollten. Mit einem Wimpel sind die Strände gekennzeichnet, die von **Rettungsschwimmern** bewacht werden und an denen man während der Saison sicher baden kann.

Hüllenloses Baden ist in Schleswig-Holstein an vielen Stränden möglich und üblich. Häufig sind in den Badeorten spezielle Küstenabschnitte als **FKK-Strände** ausgewiesen.

Golf

Golfer haben in Schleswig-Holstein die Auswahl zwischen fast vier Dutzend Golfplätzen. Sie gehören zwar meist zu Klubs, aber Urlauber können sie in der Regel gegen Zahlung einer *Greenfee* nutzen. Infos beim **Golfverband Schleswig-Holstein**, Tel. 0 45 21/83 06 66, Internet: www.gvsh.de.

Kanu- und Kajakfahren

Flüsse und Seen bieten schier endlose Paddelstrecken. Der Holsteinische Schweiz Tourismus [s. S. 131] veröffentlicht eine Broschüre mit Routenvorschlägen und Bootsvermietern, auch die örtlichen Touristenbüros helfen weiter. Nützliche Tipps und reizvolle Routenvorschläge enthält auch das **Kanuwanderbuch für Nordwestdeutschland** des Hamburger Kanuverbandes, das im Buchhandel erhältlich ist.

Radfahren

Das flache Schleswig-Holstein scheint für das Fahrradfahren wie geschaffen. Gut ausgebaute **Fernradwege** – wie der historische *Heer- und Ochsenweg*, der 491 km vom dänischen Fiborg bis nach Wedel führt, oder der 452 km lange *Ostseeküstenradweg* – werden von einem Netz lokaler und regionaler Fahrradwege ergänzt. In beinahe jedem Ferienort kann man einen Drahtesel leihen und dann beispielsweise rund um Rendsburg von Heuhof zu Heuhof radeln, von Brunsbüttel bis Kiel oder den gesamten Nord-Ostsee-Kanal entlang.

Reiten

Ausritte am Strand, über Marschland oder durch die weiten Mischwälder – die Auswahl ist nahezu unbegrenzt. Für Kinder ohne Elternbegleitung bieten pädagogisch betreute Pony- und Reiterhöfe ein attraktives Freizeitangebot und auch um Erwachsene bemühen sich zahlreiche Reiterhöfe, Reitschulen oder Gestüte, in die man häufig sogar sein eigenes Pferd mitbringen kann.

Segeln

An Schleswig-Holsteins Ost- und Nordseeküste gibt es etwa 100 Häfen. Marinas bieten mehr als 25 000 Liegeplätze für Sportboote an. Die **Ostsee** ist ein ruhigeres Segelrevier, für Törns in der **Nordsee** muss man mehr Erfahrung und seemännisches Können mitbringen. An vielen Seen, in Meeresbuchten und Förden lassen sich Boote stundenweise, für einen Tag oder wochenweise leihen. Auch wer keinerlei Segelerfahrung besitzt, kann auf stilvollen Großseglern mitsegeln. Schnuppertouren werden ebenso angeboten wie mehrere Tage dauernde Törns.

Wer das Segeln lernen möchte, kann Kurse bei einer der zahlreichen **Segelschulen** an den Binnenseen oder an den Meeresküsten besuchen.

Windsurfen

Gesurft wird überall, auf Seen, in Buchten und auf dem Meer, auch in der Brandung und bei steifer Nordseebrise. Oft sind eigene Surfreviere ausgewiesen, damit die Anhänger dieser Sportart die Badenden nicht stören. Entlang der Küste bieten allenthalben Surfschulen Anfänger- und Fortgeschrittenenkurse an, in den meisten Badeorten kann man Bretter leihen. Der **Surf World Cup** Ende September auf Sylt ist mit mehr als 150 000 Zuschauern der Höhepunkt der Saison.

Hohe Wellen und eine lang gezogene Dünung ermöglichen auf Sylt und Amrum auch das **Wellenreiten**, gewissermaßen Surfen ohne Segel.

Infos zu den besten Surfplätzen in Schleswig-Holstein im Internet: www. windfinder.com/windspots/sh/sh.htm.

Wandern

Schleswig-Holstein präsentiert sich als ideales Wanderrevier, ob man am Deich oder Strand entlanggeht oder einen der Naturparks auf Schusters Rappen erforscht. Ein besonderes Kapitel an der Nordseeküste ist das **Wattwandern**. Den nackten Füßen tut das Laufen über den gerippten Wattboden besser als jede Massage. Wer die Gezeitentabelle berücksichtigt, kann auf eigene Faust kurze Wanderungen ins Watt unternehmen. Sehr zu empfehlen ist auch die dreistündige Wattwanderung von Föhr nach Amrum oder umgekehrt (der Rückweg ist wegen auflaufender Flut nur mit Bus und Fähre möglich). Sie sollte jedoch nur mit einem sachkundigen örtlichen Führer unternommen werden.

Windmill Climbing

Eine neue Trendsportart könnte das **Windmühlenklettern** werden. Im Windenergiepark im Wilhelmine-Lübke-Koog können Kletterenthusiasten jeden Mittwoch zwischen Mai und September (gut gesichert) auf die 50 m hohen Windanlagen kraxeln und den Blick auf die Köge und den Nationalpark Wattenmeer von oben genießen. Kosten ca. 18 €, Auskunft: Info-Zentrum Wiedingharde, Toft 1, 25924 Klanxbüll, Tel. 0 46 68/ 3 13, Fax 3 19.

Statistik

Lage: Das Bundesland Schleswig-Holstein liegt zwischen der Nordsee im Westen und der Ostsee im Osten. Nachbar im Norden ist das dänische Königreich. Im Süden reicht Schleswig-Hol-

stein an die Elbe, an deren gegenüberliegendem Ufer Niedersachsen beginnt. Zwischen Travemünde und Lauenburg verläuft im Südosten die Landesgrenze zu Mecklenburg-Vorpommern.

Fläche: 15 770,3 km^2.

Verwaltung: Der Regierungsbezirk Schleswig-Holstein ist in die vier kreisfreien Städte Kiel, Lübeck, Flensburg und Neumünster sowie in elf Kreise mit 1132 Gemeinden gegliedert.

Landeshauptstadt: Kiel (232 242 Einw., Stand 2002).

Binnengewässer: Der Große Plöner See (29 km^2), der Selenter See (22 km^2) sowie der Große Ratzeburger See (14 km^2) sind die ausgedehntesten der vielen Schleswig-Holsteiner Binnenseen. Den 23 km^2 umfassenden Schalsee teilt sich Schleswig-Holstein mit Mecklenburg-Vorpommern. Die größten Flüsse des Landes sind Treene, Eider und Stör, die in Nordsee und Elbe münden, sowie die zur Ostsee fließende Trave. Sie werden ergänzt durch auch wirtschaftlich bedeutende Kanäle wie den Nord-Ostsee- und den Elbe-Lübeck-Kanal.

Wirtschaft: Mit einem Bruttoinlandsprodukt von 63 Mrd. € pro Jahr liegt Schleswig-Holstein auf dem 10. Platz der 16 deutschen Bundesländer (2001). Davon erwirtschaften Land- und Forstwirtschaft sowie Fischerei gerade 2%, das produzierende Gewerbe steuerte 32% bei. Handel und Verkehr hatten einen Anteil von etwa 16%, der restliche Dienstleistungsbereich knapp 50%. Mit einem Umsatz von 4,4 Mrd. € und 80 000 Beschäftigten gehört der Tourismus zu den wichtigen Einzelwirtschaftsbereichen. Das Landesfremdenverkehrsamt zählte 2000 ca. 4,3 Mio. Gäste in Hotels sowie 2,5 Mio. auf Campingplätzen, etwa 7% kamen aus dem Ausland.

Einwohner: 2,7 Mio. Einw., die meisten davon evangelisch. Rund 60 000 Bewohner zählen zu den dänischsprachigen Südschleswigern, gut 10 000 zur friesischen Minderheit.

Unterkunft

Camping

Etwa 300 gut ausgebaute Campingplätze an beiden Meeren, an Seen und Flüssen bieten Stellplätze für Zelte, Wohnwagen und Campmobile. Viele Plätze halten auch Mietwohnwagen oder Ferienhütten für Gäste bereit. Der **Verband der Campingplatzunternehmer Schleswig-Holsteins**, Kiefernweg 14, 23829 Wittenborn, Tel. 0 45 54/7 05 65 33, Fax 48 33, verschickt eine Broschüre der Mitgliedsplätze. Eine detaillierte Beschreibung aller relevanten Campinganlagen findet man im jährlich aktualisierten **ADAC Camping-Caravaning-Führer**, Band Deutschland–Nordeuropa, der – auch als CD-Rom – im Buchhandel erhältlich ist.

Ferienhäuser und Apartments

Das Angebot an Wohnungen und Häusern, die Selbstverpflegung erlauben, nimmt immer weiter zu. Besonders Familien mit Kindern nutzen diese preisgünstige und oft gemütliche Übernachtungsform.

Hotels und Gasthöfe

Etwa 1500 Hotels und Gasthöfe unterschiedlicher Ausstattung bieten in allen Regionen des Landes solide Unterkunft, meist der Mittelklasse. Luxuriöse Unterkünfte sind in Schleswig-Holstein eher rar, allein auf Sylt finden sich eine größere Zahl von Unterkünften, die auch den hohen Ansprüchen des internationalen Jet-Set genügen.

Jugendherbergen

In den 43 Jugendherbergen zwischen Sylt und Kreis Herzogtum Lauenburg werden Mitglieder des Deutschen Jugendherbergswerks bevorzugt aufgenommen und zahlen einen etwas geringeren Übernachtungspreis. Genaue Auskunft gibt der DJH-Landesverband Nordmark e.V., Rennbahnstr. 100, Hamburg, Tel. 0 40/6 55 99 50, Fax 65 59 95 44, Internet: www.jugendherberge.de.

Urlaub auf dem Bauernhof

Mehr als 3000 Bauernhöfe in allen Landesteilen bieten Zimmer und Apartments. Auf einigen Höfen steht die Landwirtschaft nach wie vor im Mittelpunkt, andere sind Nebenerwerbsbetriebe oder Resthöfe, die Urlaubern eine ländliche Umgebung anbieten. Bei der *Arbeitsgemeinschaft Urlaub auf dem Bauernhof*, Holstenstr. 106, Kiel, Tel. 04 31/9 79 73 45, Internet: www.bauernhof-erlebnis.de, kann man eine Zusammenstellung von Anbietern bestellen.

Vor allem im Bereich des Nord-Ostsee-Kanals gibt es mehrere Bauernhöfe, auf denen Reisende zünftig auf dem **Heuboden** übernachten können, für sanitäre Einrichtungen, einen Aufenthaltsraum und ein ländliches Frühstück ist gesorgt. Die Kosten betragen für Übernachtung mit Frühstück ca. 12 €. Auskunft erteilt die *Tourist-Information Nord-Ostsee-Kanal*, Rendsburg, Tel. 0 43 31/2 11 20.

Wind- und Wassermühlen

Etwas mehr als 100 Wind- und Wassermühlen sind in Schleswig-Holstein von den gut 1000 Mühlen erhalten, die noch im 19. Jh. gezählt wurden. Einige von ihnen sind heute als Museen eingerichtet, in Hotels oder Restaurants umgewandelt, andere können ohne Einschränkung besichtigt werden.

Detaillierte Auskunft gibt der *Verein zur Erhaltung der Wind- und Wassermühlen in Schleswig-Holstein und Hamburg e.V.*, c/o **Freilichtmuseum Molfsee**, Sophienblatt 81, Kiel, Tel. 04 31/66 59 18.

Verkehrsmittel im Land

Bus und Bahn

Die innerstädtischen Verkehrsnetze mittlerer und größerer Städte sind meist gut ausgebaut. Auch in kleinere Nachbarorte oder an bekannte Strände gelangt man problemlos mit öffentlichen Verkehrsmitteln, nicht aber an einsamere Küsten oder versteckt gelegene Landschlösser.

Zugreisende können mit dem **Schleswig-Holstein-Ticket** für zzt. 21 € von Mo–Fr mit allen Nahverkehrszügen und im Hamburger Verkehrsverbund fahren. Informationen unter Tel. 1 18 61 und im Internet: www.bahn.de.

Mietwagen

In allen größeren Städten kann man Autos leihen. ADAC-Mitglieder können über ihre Geschäftsstelle oder Tel. 0 18 05/31 81 81 (0,12 €/Min.) günstig bei der ADAC-Autovermietung GmbH buchen.

Schiff

An den Küsten und zwischen den Inseln herrscht reger Fährverkehr, auf den Binnengewässern schippern zahlreiche Ausflugsboote. Unter den **Praktischen Hinweisen** sind bei den einzelnen Punkten die jeweils interessanten Schiffsverbindungen aufgeführt.

Register

Register

Bildnachweis

AKG, Berlin: 12 (2), 13 (2), 14, 15 (2), 41, 43, 113 – *Jörg Brockstedt, Hamburg*: 53 unten links – *Karin de Cuveland, Bornheim*: 71 unten, 88, 104, 126 – *Ralf Freyer, Freiburg*: 111 – *Frank Hecker, Panten-Hammer*: 29 unten, 35, 36, 56, 72 unten, 130 unten links, 133 – *Huber, Garmisch-Partenkirchen*: 25 (Damm), 28/29 oben, 31, 58 oben, 68, 75 oben, 101, 102 (Gräfenhain) – *laif, Köln*: 10 Mitte, 22/23 (Daams), 38 (2), 44 (2), 45, 46, 47 (2), 48, 50, 51 unten, 52, 53 Mitte, 53 unten rechts, 55 (Hub), 79 unten, 110 (Bialobrzeski), 130 oben links (Hub) – *LOOK, München*: 7 oben, 37 unten (Johaentges), 57 (Wothe), 63, 115 unten, 125 (Johaentges) – *Erhard Pansegrau, Berlin*: 5 links, 26 oben, 28 unten, 40 oben, 109 – *PhotoPress, Stockdorf/München*: 26 unten (Rose), 70 (Drölle), 71 oben, 80 (Günther), 82 unten (Rose), 87 (Dreyling), 122/123 (Rose), 130 Mitte links (Schöfmann), 135 (Drölle) – *Martin Siepmann, Geretsried*: 117 – *Paul Spierenburg, Hamburg*: 5 rechts, 6/7 unten, 8 (3), 8/9 oben, 9 unten, 10 oben, 10 unten, 11 (2), 21, 30, 32/33, 34, 37 oben, 40 unten, 49, 53 oben (2), 54, 58 unten, 61 (2), 62, 64, 65, 69 (2), 72 oben, 74, 77 (2), 79 (oben), 82 oben, 83, 84, 85, 90, 91, 92/93, 95, 96, 97, 98, 99, 100, 103, 105 (2), 106, 108, 112, 114/115 oben, 114 unten, 116 (2), 118, 119, 120, 127, 128, 129, 130 oben rechts, 130 Mitte rechts, 130 unten rechts – *Stiftung Schleswig-Holsteinische Landesmuseen Schloss Gottorf, Schleswig*: 67 – *Verein Schloss Ahrensburg e.V., Ahrensburg*: 16/17, 19

Reisen mit Lust und Laune.

Die Reisemagazine vom ADAC gibt es für Städte, Länder und Regionen.

Alle zwei Monate neu.

In der ADAC-Reiseführer-Reihe sind erschienen:

Ägypten
Algarve
Amsterdam
Andalusien
Australien
Bali und Lombok
Barcelona
Berlin
Bodensee
Brandenburg
Brasilien
Bretagne
Budapest
Burgund
Costa Brava und
   Costa Daurada
Côte d'Azur
Dalmatien
Dänemark
Dominikanische Republik
Dresden
Elsass
Emilia Romagna
Florenz
Florida
Französische
   Atlantikküste
Fuerteventura
Gardasee
Golf von Neapel
Gran Canaria
Hamburg
Hongkong und Macau
Ibiza und Formentera
Irland
Israel
Istrien und Kvarner Golf
Italienische Adria
Italienische Riviera
Jamaika
Kalifornien
Kanada – Der Osten
Kanada – Der Westen
Karibik
Kenia
Kreta
Kuba
Kykladen
Lanzarote
London
Madeira
Mallorca
Malta

Marokko
Mauritius
   und Rodrigues
Mecklenburg-
   Vorpommern
Mexiko
München
Neuengland
Neuseeland
New York
Niederlande
Norwegen
Oberbayern
Österreich
Paris
Peloponnes
Piemont, Lombardei,
   Valle d'Aosta
Portugal
Prag
Provence
Rhodos
Rom
Rügen, Hiddensee,
   Stralsund
Salzburg
Sardinien
Schleswig-Holstein
Schottland
Schwarzwald
Schweden
Schweiz
Sizilien
Spanien
St. Petersburg
Südafrika
Südengland
Südtirol
Teneriffa
Tessin
Thailand
Toskana
Tunesien
Türkei-Südküste
Türkei-Westküste
Umbrien
Ungarn
USA-Südstaaten
USA-Südwest
Venedig
Venetien und Friaul
Wien
Zypern

Weitere Titel in Vorbereitung

Impressum

Umschlag-Vorderseite: Architektonisches Schmuckstück: reetgedeckte Windmühle auf Föhr
Foto: Paul Spierenburg, Hamburg

Titelseite: Sogar geschlossen macht die Eingangstür des Alten Pastorats in Meldorf einen freundlichen Eindruck
Foto: Paul Spierenburg, Hamburg

Abbildungen: siehe Bildnachweis S. 142

Lektorat: Elisabeth Schnurrer, Ulrike Segal
Bildredaktion: Johannes Graf v. Preysing
Aktualisierung: Irene Unterriker
Gestaltung, Satz und Layout:
Norbert Dinkel, München
Karten: Mohrbach Kreative Kartographie, München
Reproduktion: eurocrom 4, Villorba/Italien
Satz: Filmsatz Schröter GmbH, München
Druck, Bindung: Druckerei Uhl, Radolfzell
Printed in Germany

ISBN 3-87003-869-1

Gedruckt auf chlorfrei gebleichtem Papier

3., neu bearbeitete Auflage 2003
© ADAC Verlag GmbH, München
© des abgebildeten Werkes von Emil Nolde bei Stiftung Seebüll Ada und Emil Nolde, Neukirchen

Redaktion ADAC-Reiseführer:
ADAC Verlag GmbH, 81365 München,
E-Mail: verlag@adac.de

Das Werk einschließlich aller seiner Teile ist urheberrechtlich geschützt. Jede Verwendung ist ohne Zustimmung des Verlags unzulässig und strafbar. Das gilt insbesondere für Vervielfältigungen, Übersetzungen, Mikroverfilmungen und die Verarbeitung in elektronischen Systemen.

Die Daten und Fakten für dieses Werk wurden mit äußerster Sorgfalt recherchiert und geprüft. Da vor allem touristische Informationen häufig Veränderungen unterworfen sind, kann für die Richtigkeit der Angaben leider keine Gewähr übernommen werden. Die Redaktion ist für Hinweise und Verbesserungsvorschläge dankbar.